Manifesto Nazional Bolscevico

Karl Otto Paetel

AVVERTENZA

Questo testo è formato da due sezioni: la prima parte propone il vero e proprio "Manifesto Nazional Bolscevico" scritto da Karl Otto Paetel nel 1933, corredato da numerose note al testo che aiutano ad approfondire e capire meglio storia e ideologia e per le quali si è fatto ricorso ampiamente all'operato di Bogumil, coordinatore del benemerito sito Arplan. Tutto il materiale è comunque reso disponibile gratuitamente sul sito Nemici del Sistema.

Nella seconda parte presentiamo altri scritti dello stesso Paetel, utili per approfondirne il pensiero e l'evoluzione politica. Il primo è datato 1929 durante il periodo in cui, per Paetel e i suoi accoliti, il Partito Nazional-Socialista era il riferimento politico da tentare di riformare in senso rivoluzionario. Ad esso segue un altro contributo del marzo 1930, in cui Paetel sposta l'attenzione anche verso il Partito Comunista Tedesco. Successivamente, è presentato un contributo del maggio 1930 nel quale si dichiara la fondazione del Gruppo dei Nazionalisti Social-rivoluzionari e il suo collocamento in una posizione equidistante fra "destra" e "sinistra", sempre da unire in funzione nazional-bolscevica. Dopo tali scritti si arriva al vero e proprio Manifesto Nazional Bolscevico, scaturito dall'evidenza della irriformabilità dei partiti storici ai quali Paetel e I suoi accoliti si erano rivolti precedentemente. Il volume si conclude con un resoconto storico molto importante sul Nazional-bolscevismo tedesco nel periodo che va dal 1918 al 1932, scritto da Paetel nel 1952 in qualità di protagonista e testimone diretto di quella esperienza.

CONTENUTI

PARTE II – PAETEL E IL NAZIONAL-BOLSCEVISMO 155

L'ATTUALITA' DI PAETEL E DEL MANIFESTO NAZIONAL-BOLSCEVICO

Quando l'amministratore del Britney National Party e del blog Nemici del Sistema mi ha proposto di contribuire a questo progetto di traduzione del Manifesto Nazional Bolscevico di Paetel mi sono reso immediatamente disponibile a partecipare all'editing dell'opera, che costituisce un testo basilare per la comprensione del pensiero nazional-bolscevico sorto nella Germania del travagliato periodo weimariano. La prima domanda che potrebbe porsi chi dovesse imbattersi in questa prima edizione italiana è: perché? Perché tradurre e pubblicare un testo scritto novant'anni fa che si richiama a un ambito politico e culturale praticamente sconosciuto in Italia, che storicamente non è mai emerso da protagonista nell'agone elettorale di Weimar e soprattutto ha dovuto confrontarsi con problematiche sociali e politiche che agli occhi dei più oggi potrebbero risultare datate se non direttamente superate e irrilevanti? Una risposta, forse solo parziale, potrebbe essere la seguente: il pensiero di Paetel e dei suoi sodali, seppur sorto nella Germania del periodo interbellico, presenta molti spunti interessanti che possono essere applicati, del tutto o in parte, anche alla situazione socio-politica dell'Italia e dell'Europa odierne. Lasciamo perdere per un attimo la sterile retorica dei tromboni liberali e antifascisti (in assenza di fascismo, ricordiamo) che ricercano spasmodicamente analogie tra la situazione della Germania o dell'Italia del primo dopoguerra e quella delle odierne società occidentali con l'obiettivo di paventare un presunto, e alquanto improbabile, "ritorno del fascismo" (che tra l'altro essi vedono incarnato regolarmente in soggetti liberali e liberisti tanto quanto loro, che al massimo professano politiche leggermente più stringenti per quanto riguarda l'immigrazione irregolare). Focalizziamoci invece sulle similitudini più o meno effettive tra la situazione socio-politica weimariana e quella dell'Italia contemporanea, al netto della crisi economico-finanziaria (lascito dei giochetti borsistici e delle bolle speculative dell'alta finanza, ieri come oggi). Soprattutto in ambito politico, la situazione descritta da Paetel è ampiamente sovrapponibile a quella che possiamo vedere oggi nel nostro Paese, dove vige un sistema liberal-capitalista manovrato da holding industriali e finanziarie, e dove le classi dirigenti dei partiti, compresi quelli cosiddetti "radicali", sono sclerotizzate dal punto di vista mentale ancor più che anagrafico e non sanno o non vogliono recepire le istanze espresse dalla base popolare dell'elettorato e da gran parte dei giovani (a proposito di quest'ultimo punto, per quanto riguarda la situazione odierna mi si permetta di citare un campo in cui faccio attivismo da circa un decennio, ovvero quello della "questione incel", snobbata dai partiti dell'intero spettro politico che la attribuiscono a presunte responsabilità individuali nonostante oggi un numero sempre crescente di giovani maschi si ritrova tagliato fuori da qualsivoglia dinamica relazionale e sessuale con conseguente devastanti sulla tenuta della struttura comunitaria). Si pensi a coloro che "a destra", oggi come ieri, danno in escandescenze appena sentono parlare di socialismo, e difendono a oltranza il sistema economico liberista che pure fa a cazzotti con le politiche "sociali" che dicono di volere attuare. Si pensi a coloro che "a sinistra", oggi come ieri, disprezzano la Nazione e si affidano ciecamente a Paesi stranieri e ad enti sovranazionali i cui interessi sono del tutto contrastanti con quelli del popolo. Si pensi a come, oggi come ieri, il pensiero nazional-bolscevico, o "rossobruno" che dir si voglia, venga considerato minoritario e marginalizzato ma al contempo bollato come deriva pericolosa dal sistema e dai suoi accoliti, sia "di destra" che "di sinistra". Si pensi infine a tutti quei partitini e movimenti cosiddetti "radicali", sia a "destra" che a "sinistra", che anziché tentare di trovare un'intesa per creare un terzo polo alternativo a quelli già esistenti preferiscono continuare a esacerbare le loro differenze al seguito dei loro diecimila capetti, dividendosi tra "fascisti" e "antifascisti" e rifluendo inevitabilmente verso le loro rispettive "case madri" di centro-destra e centro-sinistra (e chissà come sarebbe potuta cambiare la storia mondiale se nella Germania di Weimar i "radicali" fossero riusciti ad accordarsi per candidare Claus

Heim alla presidenza del Reich). Quali sono allora le soluzioni proposte da Paetel? E, soprattutto, esse sarebbero teoricamente applicabili nell'Italia (e nell'Europa) di oggi? Quello che l'autore del Manifesto nazional-bolscevico propone è la ricostruzione della Germania in senso comunitarista attorno al Volk tedesco, con la nazionalizzazione delle medie e grandi imprese e del commercio estero, una parziale de-urbanizzazione con conseguente colonizzazione agricola dei territori spopolati, il rigetto dei trattati vincolanti con i Paesi dell'Intesa, e l'alleanza alla pari con l'Unione sovietica così come con gli altri popoli oppressi dalle potenze occidentali. Seppure è ovvio che tali soluzioni proposte non possano essere traslate integralmente nell'odierno contesto italiano (o europeo), esse possono costituire comunque un elemento cruciale nella rinascita del nostro Paese (e anche degli altri Paesi europei e non solo, naturalmente): si pensi a un'Italia socialista e sovrana, in cui vengano esaltate sia l'unità nazionale sia le variegate realtà regionali italiche, padrona delle proprie risorse non più svendute a capitali privati (magari stranieri), libera dalle ingerenze politiche statunitensi (a prescindere dal fatto che il presidente USA sia democratico o repubblicano), non più prona a NATO e UE, alleata alla pari con altri Paesi che supportino una visione geopolitica multipolare e non imperialista. C'è solo da sperare che i cosiddetti "radicali" nostrani, sia di "destra" che di "sinistra", si decidano finalmente a mettere da parte le differenze e ad unirsi contro il giogo liberal-capitalista per intraprendere la costruzione di questa nuova Italia.

Millennial Doomer

KARL OTTO PAETEL: CENNI BIOGRAFICI

Quando pensiamo a Paetel non può non venirci in mente un avvenimento che ha di certo segnato la sua esistenza e che con la forza dell'immagine ci illustra meglio di tutto il resto il significato della sua lotta: dopo una manifestazione contro l'odioso trattato di Versailles davanti l'ambasciata francese a Berlino, il nostro rivoluzionario tedesco si ritrovò in una camionetta della polizia stretto fra altri due compagni di sventura: un giovane comunista e uno studente nazionalsocialista.

Karl Otto Paetel nacque il 23 novembre 1906 da una famiglia berlinese di classe media. Figlio di un libraio, Paetel sviluppò presto interessi letterari e intellettuali e, come la maggior parte dei giovani della sua generazione, il suo pensiero e la sua visione furono profondamente influenzati dall'esperienza del primo conflitto mondiale e dai successivi travagli del dopoguerra in Germania. Anche il fiorente Movimento giovanile tedesco ebbe un forte impatto sul suo sviluppo ideologico: fu infatti il coinvolgimento di Paetel in vari gruppi giovanili che contribuì a rafforzare i suoi sentimenti nazionalisti, così come il suo apprezzamento per il cameratismo che derivava dall'attività svolta all'interno di organizzazioni unite attorno a una causa comune.

Nel 1928 Paetel si iscrisse all'Università Friedrich-Wilhelm di Berlino, studiando filosofia e storia con l'intenzione di diventare insegnante. Gli studi di Paetel furono portati a termine soltanto tre anni dopo, a causa delle sue prime incursioni nell'attivismo politico che condussero all'arresto di cui si è già accennato. Conseguenza di ciò furono la perdita della borsa di studio e la successiva espulsione dall'Università. Approfittando di questo aumento del tempo libero a sua disposizione, Paetel si dedicò all'attività di giornalista, scrivendo articoli per una varietà di pubblicazioni e dedicandosi particolarmente agli argomenti politici.

Paetel era ancora attivo anche all'interno del Movimento giovanile; a questo punto della sua vita era diventato una figura di spicco all'interno della gerarchia del gruppo *Deutsche Freischar*, un'organizzazione la cui cultura (almeno inizialmente) integrava i suoi sentimenti nazionalisti. Man mano che divenne più politicamente attivo, Paetel subì sempre più l'influenza del nuovo nazionalismo popolare dell'epoca, che si posizionava all'interno del campo rivoluzionario e rifiutava la rigidità della vecchia era guglielmina. Ispirato dal lavoro di figure come Ernst Jünger, Ernst Niekisch e August Winnig, la scrittura di Paetel adottò un tono sempre più radicale, e il suo nazionalismo venne pervaso da un feroce anticapitalismo. Tuttavia, tale radicalismo mise a repentaglio la sua posizione all'interno della *Deutsche Freischar*. L'aperta simpatia di Paetel per il comunismo, i suoi riferimenti di approvazione a Lenin, la sua dichiarazione che i giovani nazionalisti rivoluzionari sarebbero stati gli alleati naturali delle classi lavoratrici - erano troppo per il *Freischar*. Dopo aver scritto un articolo nel 1930 in cui criticava il presidente Hindenburg per la ratifica tedesca del piano Young, Paetel fu costretto a dimettersi dai ruoli che ricopriva all'interno del gruppo.

Nel maggio 1930, un Paetel sempre più radicalizzato decise di iniziare a dedicarsi ad un attivismo politico più incalzante. Per un anno lui e alcuni suoi amici avevano lavorato all'interno di un gruppo informale chiamato **Arbeitsring Junge Front**, un'organizzazione di difesa che cercava di riunire i radicali di sinistra e di destra attorno a una causa comune. In questo periodo venne assunto da Ernst Jünger come redattore capo di *Die Kommenden*. Paetel e i suoi compagni scelsero di riorganizzarsi come gruppo formale dotato di programma, cercando di fare di più che semplicemente cercare di spingere i membri del NSDAP verso il "socialismo reale"; formarono quindi il **"Gruppo dei nazionalisti social-rivoluzionari" (GSRN)**, il quale successivamente divenne una delle pochissime organizzazioni nella Germania di Weimar ad usare effettivamente il termine "nazional-bolscevico" per definire il proprio orientamento politico. Dichiaratamente rivoluzionario, il GSRN sosteneva il rovesciamento del sistema capitalista democratico, l'istituzione di un nuovo governo basato sui Consigli, la socializzazione dell'industria e della terra, un'alleanza militare con la Russia sovietica e l'organizzazione delle masse come Milizia armata di popolo. Il GSRN, i cui membri erano, come Paetel, quasi tutti di classe media istruita, affermava che era compito dei nazionalisti lavorare insieme al proletariato con coscienza di classe nel perseguimento di questi obiettivi.

Nonostante questo nuovo scopo, il focus iniziale del GSRN - mai un gruppo molto numeroso - si concentrò sull'editoria e la propaganda tramite la pubblicazione della rivista *"Nazione Socialista"*. Un'opportunità per impegnarsi in un'azione più vivace, tuttavia, fu presto fornita dalla sinistra. Un dibattito all'interno del GSRN sull'opportunità di sostenere il NSDAP o il KPD (Partito Comunista di Germania) nelle elezioni del settembre 1930 fu improvvisamente risolto con la pubblicazione da parte del KPD del suo nuovo programma di partito, il "Programma per la liberazione nazionale e sociale del popolo della Germania", che conteneva numerose istanze nazionaliste e costituiva un tentativo deliberato del KPD di riconquistare gli elettori persi (o potenzialmente persi) in favore del NSDAP.

Il GSRN, tuttavia, vide ciò come una potenziale prova che il KPD si stesse indirizzando verso posizioni nazional-bolsceviche, e così Paetel e i suoi compagni diedero il loro fermo sostegno ai comunisti.

Il GSRN divenne così un alleato del KPD. Paetel e il suo gruppo sostennero pubblicamente il KPD durante le elezioni scrivendo articoli, distribuendo propaganda, tenendo orazioni alle manifestazioni comuniste. Questa cooperazione continuò anche dopo le elezioni, con il GSRN che implorava i nazionalisti di combattere fianco a fianco al KPD dichiarando che soltanto sotto le bandiere del comunismo la Germania sarebbe stata in grado di schiacciare il capitalismo e di liberarsi dall'imperialismo delle potenze di Versailles. I membri del GSRN scrissero articoli per riviste comuniste, si unirono a organizzazioni nell'orbita del KPD come Azione Antifascista, e tra marzo e aprile 1932 offrirono sostegno pubblico alla campagna presidenziale del leader del KPD, Ernst Thälmann.

Il KPD, da parte sua, li ricambiò talvolta con un minimo di supporto (come ad esempio assistendoli nella distribuzione della rivista del GSRN, "*Nazione Socialista*"), ma nel complesso il rapporto si rivelò abbastanza unilaterale.

Fu proprio questa mancanza di reciprocità che determinò una certa disillusione all'interno del GSRN. Paetel arrivò a sospettare, giustamente, che il KPD sperasse di cooptare e assorbire il suo movimento. Alla fine del 1932 lui e i suoi compagni giunsero a dubitare della sincerità del nazionalismo del KPD, e con il deteriorarsi delle relazioni fra i due gruppi, le divisioni ideologiche divennero più evidenti; Paetel e i suoi compagni non potevano più ignorare il fatto che il loro obiettivo finale di uno stato tedesco sovrano e nazional-socialista, alleato ma indipendente dalla Russia sovietica, fosse fondamentalmente diverso dall'obiettivo finale del KPD, che sostanzialmente aveva come suo fine ultimo il mondo senza confini dell'internazionale comunista. Sebbene il gruppo rimanesse ancora filo-comunista e ben disposto nei confronti del KPD, questa divisione influenzò le tattiche del GSRN, con Paetel che tentò di organizzare un Partito Comunista Nazionale separato per competere nelle elezioni del novembre 1932; tuttavia tale tentativo fallì a causa del fatto che il GSRN era privo della manodopera e delle risorse necessarie per creare un nuovo partito politico legale.

Il "Manifesto Nazional Bolscevico" fu pubblicato da Paetel come parte di un secondo tentativo di organizzare un gruppo elettorale comunista nazionale, questa volta tra la fine del 1932 e l'inizio del 1933, quando la Germania si dibatteva nel caos politico. Il NSDAP stava perdendo sostegno, il KPD stava guadagnando voti ma era alle prese con controversie interne tra fazioni, e l'intero sistema di Weimar sembrava sull'orlo del collasso.

Eppure gli eventi superarono Paetel in un modo che egli non aveva previsto: il manifesto su cui egli aveva lavorato fu pubblicato e distribuito per la prima volta il 30 gennaio 1933, nello stesso giorno in cui Hitler divenne Cancelliere e le truppe d'assalto armate di torce marciavano incolonnate per le strade di Berlino.

Molte copie del manifesto furono confiscate e distrutte, la licenza di pubblicazione di Paetel fu prontamente ritirata e le sue pubblicazioni, così come quelle dei suoi compagni, furono chiuse. Il GSRN non durò molto più a lungo, essendo stato bandito insieme agli altri gruppi filo-comunisti all'indomani dell'incendio del *Reichstag*.

Da quel momento in poi Paetel subì significative ingerenze da parte del governo, in particolare perché continua a frequentare figure considerate sgradevoli per il regime nazionalsocialista. Il suo nome venne incluso in una lista nera di sospetti traditori durante gli eventi dell'epurazione del giugno 1934 (la cosiddetta "notte dei lunghi coltelli"), e nel 1935 la situazione era degenerata a tal punto che Paetel fu costretto a rifugiarsi a Parigi per la propria incolumità, pur viaggiando clandestinamente a più riprese tra Francia e Germania. Nel 1936 fondò i giornali della Nazione Socialista. Nel 1937 incontrò a Parigi i nazional-rivoluzionari Ernst Niekisch e Harro Schulze-Boysen. Fino al 1940 Paetel fu un punto di riferimento di fondamentale importanza per i nazionalisti tedeschi che vivevano in esilio, continuando a produrre e distribuire scritti di matrice rivoluzionaria. Pochi mesi prima dell'inizio della seconda guerra mondiale, Paetel organizzò una conferenza di 14 giorni con i leader dell'opposizione della Gioventù Hitleriana a Parigi; il gruppo di partecipanti assunse il nome di "Gruppo della Nazione Socialista" e collaborò con l'associazione *Der Graue Kreis* e una formazione chiamata *Schwarze HJ*. Molti partecipanti, di età compresa tra 17 e 22 anni, erano laureati e diplomati, e la maggior parte di loro apparteneva ai *Deutschen Jungvolk*, alla Gioventù Hitleriana e all'Unione Studentesca Nazionalsocialista. Un tema centrale della conferenza era "l'esistenza di gruppi di giovani ribelli", tra cui si segnalavano *Die Geusen, Der Orden, Die Gehteten, Die Kolonne X* e *Edelweiss*.

Successivamente Paetel emigrò negli Stati Uniti, dove riuscì a trovare un impiego come accademico e ottenne la cittadinanza. In questo periodo pubblicò una serie di opere, molte delle quali dedicate alla storia del bolscevismo nazionale tedesco e alla vita di Ernst Junger. Morì a New York il 4 maggio 1975.

Manifesto Nazional Bolscevico

Karl Otto Paetel

"Non portiamo avanti la Rivoluzione, ma piuttosto le idee dormienti al suo interno che essa stessa non comprende. Vogliamo combinare le idee rivoluzionarie con quelle idee conservatrici che si stanno ristabilendo eternamente, per renderle conservatrici-rivoluzionarie, in modo da poter raggiungere un insieme di condizioni con le quali possiamo sperare di vivere di nuovo..."

Queste semplici frasi di **Moeller van den Bruck** dovrebbero essere utili alla comprensione di queste pagine. - Anche dove vanno oltre. Nessuna "confutazione" di alcun "-ismo", nessun lavoro accademico. - Solo una netta distinzione dei fronti - nella comprensione di sé - per una razza giovane che vuole ad ogni costo:

"Una Germania libera!

Anche se questo prezzo significa:

Rompere con ieri!

Quindi innalza quella frase eretica:

"Nazional-bolscevichi!"

Karl O. Paetel

"Non c'è Reich tedesco, non c'è governo tedesco, non c'è rappresentanza tedesca, c'è solo una colonia dell'Intesa. Siamo nativi di una colonia. Questa è la verità crudele e inesorabile, con la quale bisogna fare pace mentale prima di pensare al futuro".

(Dal *"Vörwarts"* del 15 maggio 1919)

VISIONE

La bandiera rossa sventola sulla Cattedrale di Colonia.
Rivoluzione sulla Germania.
Radiogramma da Berlino:

"Al popolo tedesco!
La terra e il suolo appartengono alla Nazione.
I mezzi di produzione sono socializzati.
Vengono annunciate le elezioni al Congresso dei Consigli.
Verdetti della Corte popolare su tutti i nemici della Patria socialista, tutti i responsabili del vecchio regime vengono arrestati.
Il trattato di Versailles è considerato carta straccia.
La Grande Germania è socialista!
Gli Stati-banditi imperialisti si stanno avvicinando. Il Reno deve essere tenuto in ogni circostanza, l'attacco deve cominciare!"

Lunghe colonne, nero su nero, attraversano i ponti sul Reno.
I canti rimbombano.
Le bandiere ondeggiano al ritmo dei piedi in marcia.

Colonne di operai, fucili in spalla; in mezzo a loro bandiere con la falce e il martello. Le schiere della Marsigliese - - "La Patria è in pericolo!" - - **A poca distanza dietro di loro arrivano figure aerodinamiche in camicie brune, sopra la testa il vessillo rosso della svastica,** e sopra quello uno stendardo rosso con i simboli del lavoro, le fasce al braccio coperte per metà da strisce rosse.

Una nuova colonna, grigio su grigio, truppe senza fine dello *Stahlhelm* **dietro le bandiere da combattimento della Grande**

Guerra del 1914-1918, anche i loro vessilli ornati con lo stendardo rosso della sollevazione rivoluzionaria e, oltre, le formazioni contadine.

E luminosa, sopra tutte le bandiere, sopra i vessili rossi, nero-bianco-rossi e neri, con le ali spiegate, l'aquila nera della Prussia!

Il canto ruggisce attraverso le colonne dell'esercito e il coro diventa sempre più forte, e **tutte le truppe si alzano in piedi, formazioni grigie, brune e rosse intonano**:

"Am Rhein, am Rhein,
am deutschen Rhein
wir alle wollen Hüter sein"

("*Al Reno, al Reno,
Verso il Reno tedesco,
Vogliamo esserne tutti guardiani!*")

E risuona un grido:

*"Lunga vita al socialismo!
Portiamo le bandiere rosse sotto l'aquila tedesca in Francia!
Avanti!"*

La voce si interrompe. -
Marciano le masse.
Senza fine.
Con bandiere diverse, in abiti diversi, allo stesso passo.
Marciano nel territorio nemico. Libertà repressa, portano la punizione del Signore per una vita di umana schiavitù.

**Questa è la porta per il domani.
La strada per arrivarci?
La strada siamo noi!**

L'OBIETTIVO

La Germania deve lottare oggi per la libertà dei suoi figli nati schiavi, per garantire una futura casa ai suoi senzatetto, per le generazioni venture senza speranza.

Ma non solo per quello. In territorio tedesco prenderà forma la visione del nostro secolo. Qui deve essere dimostrato il principio formale di Mitteleuropa [un blocco distinto tanto dalle forze occidentali quanto dall'impero russo NdT]. La lotta per la sovranità delle terre tedesche deciderà il futuro dell'Europa, l'ascesa o la caduta dell'Occidente. Nei cuori e nelle menti dei tedeschi oggi le forze dell'Est stanno già cambiando i principi del pensiero occidentale. La soluzione dovrà essere: trovare il proprio principio.

Nel corpo del popolo tedesco [*deutschen Volkskörper*], all'interno dei territori tedeschi, la battaglia decisiva sarà combattuta tra l'economia mercantilista mondiale e lo Stato socialista. Qui si adempirà la lotta di classe tra dinamismo proletario e autosufficienza borghese[1].

Il compito che attende la giovane generazione dei tedeschi è decennale. Risolverlo significa dare un nuovo significato creativo a quel vecchio concetto abusato della missione mondiale imperiale tedesca[2]; significa che al terzo tentativo (l'espressione di Moeller van den Bruck porta già questo significato) la costruzione della nazione tedesca - che non ebbe successo nell'*Ottonenreich* e nello *Staufferreich*, così come nel *Reich bismarkiano* – diventerà realtà.

Abbandonare questo compito significa giocare d'azzardo con il

---

1 Ciò non ha nulla a che fare con le fantasie sfocate sul "Reich" nello stile del romanticismo del Movimento giovanile o con gli esercizi intellettuali degli ideologi della "Mitteleuropa" - che entrambi oggi scivolano nell'idealismo..

futuro dell'Eterna Germania, portando la *"svizzerizzazione"* [società multietnica, minoranze etniche con differenti lingue e culture, senza sentimento nazionale NdT] del *Volk* tedesco nella sua fase finale.

Il nome di tale compito è: diventare una Nazione[3].

Il suo garante si chiama socialismo.

Il percorso: rivoluzione.

Solo quelli chiamati a questo compito dall'interno capiranno di cosa si tratta, da soli e soprattutto: per aprire la porta al domani per un *Volk* proletarizzato; rompere tutti i suoi legami - caos, avversità, vittimismo, classe, proprietà, promesse di felicità personale - affinché la realtà per il popolo tedesco sia:

La Nazione come valore più alto.

---

2 Anche Lenin scrive in *"Estremismo malattia infantile del comunismo"*: "Certo, sarebbe un gravissimo errore voler esagerare questa verità, estenderla a più di alcuni
tratti fondamentali della nostra rivoluzione. Sarebbe altresì un errore trascurare il fatto che dopo la vittoria della rivoluzione proletaria anche in uno dei Paesi più progrediti, avverrà verosimilmente una brusca svolta, cioè la Russia cesserà in breve di essere il Paese modello e sarà di nuovo un Paese arretrato (dal punto d vista «sovietico» e socialista)".

3 Il travisamento popolare dei concetti di Razza-Popolo -Nazione deve finalmente essere abbandonato. Il *Volk* è nato da elementi razziali e altri fattori indiscernibili. La Nazione, come forma storica di questo fatto biologico che emerge nella coscienza dei compagni di popolo [*Volksgenossen*], deve ancora sorgere in Germania; il compito del socialismo è quello di creare una Nazione a partire dalla massa e dalla "popolazione" del *Volk*, o, come direbbe Hegel, fare sì che il "popolo in se stesso" diventi il "popolo per se stesso". C'è quindi qualcosa di inadeguato nella definizione data da Bortoletto ("*Fascismo e Nazione*", Amburgo): *"La Nazione è un concetto storico e biologico, è un'entità unificata, duratura e indivisibile di esistenza perfetta, un corpo sociale o politico veramente autonomo"*.

DIECI ANNI DI BOLSCEVISMO
NAZIONALE

Ovunque oggi nella Germania del Piano Young* la quiete mortale della politica ufficiale è allarmata da un tremito sotterraneo - ovunque l'irriducibilità della gioventù nazionalista mette in discussione i vecchi valori dei padri, sui cui drappi funebri gli anziani gemono a mani aperte, facendo propria la (ancora emotiva) rivendicazione socialista della giovane borghesia nazional-rivoluzionaria; ovunque il proletariato sembra riconoscere che solo l'aquila tedesca impressa sulle bandiere rosse creerà per esso una Patria che porta il fervore nazionale di coloro che non hanno una Patria - si legge nei giornali borghesi una parola:

NAZIONAL-BOLSCEVISMO!

Ma quale fatto storico è sorto per la prima volta in Germania dando vita al movimento politico descritto da queste parole?

Non è per nulla sufficiente considerare solamente la politica filo-russa come suo criterio, e vedere in essa semplicemente e nient'altro che politica estera – niente affatto. **La sua concezione di politica estera infatti è soltanto il risultato evidente di una valutazione molto semplice.**

Il primo documento veramente nazional-bolscevico è stato il **"Testamento politico"** del conte **Brockdorff-Rantzau**[4], in cui l'autore ha espresso la convinzione che un **socialismo radicale tedesco debba abbracciare, sotto le bandiere del socialismo, una politica di libertà contro l'Occidente imperialista e capitalista**[5].

---

4 Pubblicato in vol. I, nn. 3/4 di *"Nazione Socialista"*.

5 La citazione del primo ministro inglese Lloyd George al *"Neuen Freien Press"*

Il rifiuto di Brockdorff-Rantzau di firmare il **trattato di Versailles**, l'offerta di **Lenin** ai deputati del popolo di sostenere la resistenza sul Reno: queste erano le realtà politiche dietro tale scelta[6].

La seconda ondata nazional-bolscevica fu la politica di fraternizzazione perseguita dai "**circoli nazional-comunisti**" di Amburgo sotto **Wolffheim-Laufenberg**(‡) (a fianco e all'interno del KAPD, dopo la loro espulsione dal KPD) con elementi dei **Freikorps** del generale **Lettow-Vorbeck** ad Amburgo e in altre città. Successivamente a Monaco ci furono gli sforzi per giungere a una politica di azione congiunta tra il comunista **Thomas**, il presidente *völkisch* **Poehner**(§) e i compagni del **Freikorps Oberland**[7], tentando tale organizzazione in Turingia, nella guardia di frontiera della Prussia orientale, e sì, tra i soldati di Kapp[8].

Opere come "*Nazione e classe operaia*" di **Wolffheim**, una dissertazione contro i metodi utilizzati in Russia dal titolo "*Mosca e la rivoluzione tedesca*", la "*Lettera aperta al maggior generale Lettow-Vorbeck: Comunismo - Un imperativo nazionale*" del consigliere giudiziario **Krüpfgantz****, tra le altre - sono state le armi ideologiche con cui i membri dei circoli del **Partito Comunista e dei gruppi radicali di destra si sono battuti per questa sintesi**. L'*Hamburger Volkswart* e, a volte, la *Kommunistische Arbeiterzung* erano i giornali rappresentativi a loro disposizione[9].

In termini pratici, tutti questi sforzi sono andati a vuoto. Seeckt ha chiarito che avrebbe represso ogni "rivolta nazional-

---

di Vienna dimostrano quanto pericolosa appariva questa possibilità per lo status di Versailles: "*La continua espansione del comunismo in Germania rappresenta un grave pericolo per l'intera Europa. La guerra ha mostrato che popolo potente sono i tedeschi quando vengono messi alla prova. Ecco perché una Germania comunista sarebbe molto più pericolosa per il mondo della Russia comunista... Non riesco a immaginare un pericolo più grande per l'Europa, sì, per il mondo intero, che l'esistenza di un grande Stato comunista nell'Europa centrale, diretto e mantenuto da uno dei popoli più intelligenti e disciplinati del mondo*".

6 Il "Trattato di Rapallo", il lavoro di von Maltzan, amico di Brockdorff-Rantzau, era conseguenza di questo– ma Brockdorff-Rantzau è morto con queste amare parole sulle labbra: "Tutto per me è stato distrutto - sono già morto a Versailles".

7 Il giornale comunista di Monaco "*Neue Zeitung*" lanciò una chiamata alle armi per l'insurrezione popolare contro l'Intesa.

comunista". Nel frattempo si formarono gruppi nazionalsocialisti; il KPD ha proscritto i circoli di Amburgo; e i fili connettivi ad Amburgo tra individui come **Stapel**, A.E. **Günther**††, e un certo numero di leader dei giovani nazionalisti che erano transitati verso i comunisti nazionali furono nuovamente strappati. Wolffheim, che ad Amburgo deteneva il potere nelle sue mani, il 6 novembre 1918 fu neutralizzato dalla "rivoluzione" dell'Assemblea nazionale. ‡‡

Successivamente, il **Ruhrkampf**§§ avrebbe portato nuovamente a una rinascita di queste tendenze.

---

8 Su questi argomenti è stato pubblicato del materiale nel giornale amburgese di M Wolffheim-Laufenberg *"Hamburg Volkswart"*, n. 6, ottobre 1921. Un resoconto: *"Nelle prime ore del mattino di martedì 16 marzo, un distaccamento di soldati della **brigata Ehrhardt** arriva alla cancelleria del Reich tentando di essere ricevuta da Kapp. Quando non vengono ammessi, esprimono il loro malcontento con parole accese: non hanno più voglia di continuare il loro coinvolgimento nell'inganno, poiché non c'è stato il sequestro dei beni dei profittatori; non si sono uniti per mettere al posto di Ebert un nuovo governo guglielmino; di Kapp essi ne hanno avuto abbastanza. Quando tra le truppe si viene a sapere che il distaccamento non è stato ammesso, esse vengono prese da un potente tumullto. Le ultime truppe ancora fedeli a Kapp erompono in un ammutinamento incandescente. Immediatamente si radunano i delegati sindacali di tutti i contingenti. L'assemblea si svolge verso mezzogiorno in una sala della Cancelleria del Reich, mentre in una sala di fronte le mummie indifese del vecchio regime si arrovellano pensierose I cervelli vuoti. Nell'assemblea dei soldati l'indignazione dei sindacalisti, che si sentono clamorosamente maltrattati, si sfoga con forza sfrenata. A ciò si aggiunge l'impressione di ritrovarsi all'interno di una trappola per topi, dalla quale i capi del putsch non troverebbero certo scampo. Tutti quelli che parlano tengono discorsi contro gli ufficiali guglielmini e contro il vecchio regime. Sotto applausi scroscianti, **il popolo di Ehrhardt ora convoca nella sala uno dei leader nazionalsocialisti: 'Abbiamo aiutato la Reazione a rimettersi in piedi, dobbiamo far capire ai lavoratori che non siamo contro di loro, ma vogliamo combattere insieme a loro'**. Concordano di presentare le loro richieste al generale Lüttwitz. In quel momento circa 15 giovani ufficiali si precipitano nella sala, carichi di bombe a mano dalla testa ai piedi. Uno di essi balza sul tavolo e grida:: 'Camerati, chi è a favore della presa in carico da parte dei militari? Chi è a favore di disinfestare la sala accanto? Chi è a favore di farlo nel modo in cui pensavamo che sarebbe stato fatto?' E a tutte e tre le domande segue un unanime, fragoroso applauso. Con i fucili al rovescio, le formazioni appena insorte contro il regime di Kapp si spostano ora fuori città, dove si imbattono in operai armati a Friednau ai quali gridano: 'Abbiamo rotto con Kapp! Ce ne andiamo!' Ma già partono degli spari dalle fila degli operai armati. Anche i soldati imbracciano le armi e rispondono al fuoco. Il massacro ha inizio"*.

9 Estratti degli scritti di Laufenberg sono riportati in *"Nazione socialista"*, vol. II, nn. 3/4.

Dopo l'esecuzione di **Schlageter** nel 1923, **Karl Radek** il 20 giugno tenne al Comitato centrale del KPD il suo famoso discorso intitolato *"Schlageter, il vagabondo del nulla"*[10], che invitava gli "onesti nazionalisti a integrarsi nella parte più avanzata della rivoluzione rossa che sola avrebbe combattuto per la libertà nazionale, mentre il **Ruhrkampf** veniva tradito ancora una volta dalla borghesia. Il dibattito tra i comunisti **Radek e Fröhlich** e i nazionalisti **Reventlow e Moeller van den Bruck** sul "fare un po' di strada insieme" venne quindi avviato nel *"Roten Fahne"*, nel *"Reichswart" völkisch* del conte **Reventlow** e nel circolo del barone **von Gleichen**; allo stesso modo anche tutto questo alla fine fallì***.

La linea di **Radek** fu abbandonata per prima dal KPD. **Wolffheim** rimase, praticamente, isolato.

Nel 1929[11] questi concetti, che nel frattempo erano stati elaborati in modo sempre più chiaro e concreto, furono nuovamente rivissuti dall'altra parte, questa volta dalla destra.

Prima sul *Jungen Volk*, poi sul *Kommenden* - due giornali della gioventù nazional-rivoluzionaria - furono discusse le rivendicazioni nazional-bolsceviche. In un'edizione speciale dedicata alla lotta di classe, alla completa socializzazione delle risorse e ad uno Consiglio di Stato della Grande Germania, i nazional-bolscevichi si presentarono per la prima volta al grande pubblico; Il giorno dell'Ascensione del 1930 vide così il **"Gruppo dei nazionalisti social-rivoluzionari"** stabilirsi attorno alle tesi nazional-bolsceviche e all'opera fondante *"Nazionalismo social-rivoluzionario"* [*"Sozialrevolutionärer Nationalismus"*].[12] Da qui gli altri gruppi nazional-rivoluzionari divennero sempre più influenzati da questa tendenza. La *"Nazione Socialista"* divenne il portavoce nazional-comunista.

Una tale posizione "nazional-bolscevica" oggi non è più così

---

10 Pubblicato in *"Nazione Socialista"*, vol. I, n. 5.

11 Reventlow ha riassunto la sua posizione nell'opera *"Völkisch-Kommunistische Einigung?"*, Moeller van den Bruck nel suo *"Recht der jungen Volker"*, il KPD nel suo opuscolo *"Schlageter"*.

12 Disponibile presso l'editore di *"Nazione Socialista"*.

sorprendente come lo era anni fa. Sempre più cerchie di persone, soprattutto delle generazioni più giovani, mantengono oggi una posizione anticapitalista, sono, attraverso la loro mentalità, "nazional-bolscevichi" anche se non utilizzano questo termine. E dove si trovano ancora oggi i giovani che, volgendo lo sguardo attento alla loro epoca, agli uffici di collocamento e ai distretti di lavoro, sono ancora disposti a giustificare e difendere un ordine sociale che impedisce al 95% dei tedeschi di avere alcuna partecipazione a quella che dovrebbero chiamare la loro Patria?

È questa l'onesta prerogativa della gioventù di abbattere le vecchie difese, e la giovinezza definisce le caratteristiche del nazional-bolscevismo tedesco.

Ogni giorno ci rendiamo conto di quanto avesse ragione **Frank Thiess†††** (uno dei pochi della generazione dei nostri padri che si è unito a noi), quando ha osservato:

"In Germania oggi sta emergendo una nuova fede. Una fede nell'autonomia e nell'iper-realtà della Nazione. Nell'inevitabilità della loro coazione unificante".

"Nell'immutabilità del nostro destino. Nella forza indistruttibile della nostra volontà di vivere".

"Solo in un momento di grandissime difficoltà economiche e indicibili avversità potrebbe sorgere, su questa vita di miseria e austerità, una cupola di fede nelle vite unificate della Nazione. Solo in un momento di sfortuna nazionale è possibile un'autentica visione d'insieme nazionale. Infatti, la volontà di un nuovo ordine scaturita da parti divergenti ci spinge verso un nuovo ethos statale, ma tali ideali non sorgono nel mondo dall'oggi al domani, piuttosto si realizzano in spasmi di crisi nel corso dei decenni. Sono necessari lunghi anni di delusioni, difficoltà ed esperienza per raggiungerli".

"Inizia un nuovo mondo, si forma una nuova Nazione, sì, una rivoluzione invisibile è perennemente in corso. Solo il suo corso esteriore ha un carattere rivoluzionario: il modo in cui le vecchie verità, il cui valore vincolante aveva ancora validità un decennio fa, vengono bruscamente spazzate via, e invece emergono di nuovo obiettivi che erano presi a malapena sul

serio in precedenza (autarchia, nazionalismo, uno Stato popolare senza classi, agricoltura vincolata, eccetera), questa velocità vorticosa di eventi che si svolgono in mezzo a un fenomeno che sta lì fermo come un "rocher de bronze"‡‡‡ - *tutto questo ha un qualcosa dei tamburi silenziosi della rivoluzione, un aspetto che è magnifico, sinistro e storicamente senza precedenti"*.

NOTE DEL TRADUTTORE

* **"Young-Deutschland"** nel testo originale - un riferimento al Piano Young introdotto nel 1929 come tentativo di approntare termini più gestibili per i pagamenti tedeschi delle riparazioni di Versailles, e contrastato fortemente sia dai nazionalisti che dal Partito Comunista di Germania (KPD).

† **Ulrich von Brockdorff-Rantzau** era un diplomatico tedesco di nobile ascendenza prussiana. Nonostante il suo retroterra, accettò il ruolo di Ministro degli Esteri nel governo Ebert dopo la rivoluzione del novembre 1918. Il 20 giugno 1919, si dimise dalla sua posizione in segno di protesta contro la firma da parte del governo del trattato di Versailles, ritenendolo un "crimine contro la Germania". Sostenitore del riavvicinamento russo-tedesco, divenne in seguito ambasciatore nella Russia sovietica fino alla sua morte avvenuta nel 1928. Sebbene non fosse lui stesso un nazional-bolscevico, gli scritti di Brockdorff-Rantzau contenevano nondimeno sentimenti sia nazionalisti che anticapitalisti, facendolo apprezzare dai successivi radicali nazional-rivoluzionari.

‡ **"Wolffheim-Laufenberg"** si riferisce a **Fritz Wolffheim e Heinrich Laufenberg**, due importanti pionieri del nazional-bolscevismo. Espulsi dal nascente KPD alla fine del 1919 per presunte tendenze sindacaliste, entrambi successivamente si unirono al Partito Comunista dei Lavoratori di Germania (KAPD), che praticava una linea più indipendente da Mosca. A capo del ramo del KAPD di Amburgo, Wolffheim e Laufenberg

si opposero fermamente al trattato di Versailles e iniziarono a sostenere una posizione che avrebbe visto i comunisti allearsi tatticamente con i nazionalisti e le classi medie altrettanto contrarie al patto; questa posizione fu soprannominata "nazional-bolscevismo", e in seguito criticata direttamente da Lenin nel suo opuscolo *"Estremismo, malattia infantile del comunismo"*. Entrambi gli uomini furono infine espulsi dal KAPD. Wolffheim rimase politicamente attivo, si spostò su posizioni più *völkisch* e finì per essere associato al gruppo dei nazionalisti social-rivoluzionari di Paetel. Laufenberg si ritirò dalla politica attiva, sebbene continuasse a pubblicare articoli; morì in povertà nel 1932. Wolffheim, che era ebreo, fu arrestato nel 1936 e morì nel campo di concentramento di Ravensbruck nel 1942.

§ **Il "comunista Thomas" è Otto Thomas**, caporedattore nei primi anni '20 del quotidiano bavarese del KPD, "*Neue Zeitung*". Thomas aveva tendenze nazional-bolsceviche, e pubblicava articoli di orientamento nazionalistico nel suo giornale sviluppando legami con il ***Freikorps Oberland*** e il suo capo **Josef "Beppo" Römer.** Questi collegamenti portarono alle accuse da parte del compagno comunista Otto Graf secondo cui Thomas aveva ricevuto finanziamenti clandestini per la "*Neue Zeitung*" dal capo della polizia nazionalista di Monaco, Ernst Pöhner. Nonostante queste accuse, Thomas rimase membro del KPD fino alla sua morte avvenuta nel 1930, continuando a sostenere la sua richiesta di cooperazione tra nazionalisti e comunisti. Lo stesso Pöhner fu, come indica Paetel, il capo della polizia di Baviera dal 1919 al 1922, posizione dalla quale fece molto per rendere la Baviera un rifugio sicuro per i gruppi nazionalisti radicali. Partecipante al Putsch della birreria, Pöhner alla sua morte nel 1925 era diventato un membro del *Deutschnationale Volkspartei* (DNVP).

** **Il consigliere giudiziario Fritz Krüpfgantz** era membro della *"Libera associazione per lo studio del comunismo tedesco"*, un piccolo movimento intellettuale nazional-bolscevico fondato da Wolffheim e Albert Erich Günther dopo l'espulsione del primo dal KAPD. La "*Lettera aperta*" di Krüpfgantz fu diffusa nelle pubblicazioni della *Libera associazione* nell'agosto 1920 e invitava il maggior generale Lettow-Vorbeck (che era stato coinvolto sia nel putsch di Kapp che nella sedazione della rivolta spartachista) ad unirsi a un "comunismo tedesco" (cioè il nazional-comunismo) che avrebbe portato alla liberazione nazionale dall'"umiliazione" della Germania del dopoguerra.

†† **Wilhelm Stapel e Albrecht Erich Günther** erano co-editori della rivista conservatrice-rivoluzionaria "*Deutsches Volkstum*". Il *Volkstum*, ex "*Bühne und Welt*", era stato acquistato dal DHV (un sindacato nazionalista dei colletti bianchi) nel 1918, con Stapel e Günther che ne erano diventati i protagonisti. Il *Volkstum* e i suoi redattori rifiutarono il nazionalismo tradizionale dell'era guglielmina, erano anti-capitalisti e offrivano sostegno e appoggio alle questioni dei lavoratori. Nonostante le loro tendenze anticapitaliste e il loro breve allineamento con i nazional-bolscevichi di Amburgo nei primi anni '20, sia Stapel che Günther in seguito si spostarono verso una posizione più "conservatrice" ed espressero una diffidenza nei confronti degli ideali economici marxisti. Per il *Volkstum* socialismo non significava proprietà collettiva, redistribuzione della ricchezza o abolizione della proprietà privata, ma "un freno etico all'economia basato sull'onore professionale e sul rispetto per l'uomo". (Per la fonte della citazione, vedere *"The Conservative Revolution in the Weimar Republic"* di Roger Woods).

‡‡ Un riferimento al **Consiglio operaio rivoluzionario** che governò Amburgo nel periodo successivo alla rivoluzione del novembre 1918, in cui sia **Laufenberg** che **Wolffheim** ebbero ruoli di primo piano. I Consigli cessarono di avere ogni legittimo potere politico dopo che il passaggio alla nuova Assemblea Nazionale fu effettuato con le elezioni nazionali del 19 gennaio 1919.

§§ *"Ruhrkampf"* è il nome tedesco per il periodo della resistenza tedesca nella Ruhr. Nel 1923 le potenze dell'Intesa, Francia e Belgio, inviarono truppe nella valle della Ruhr, occupando l'area come punizione per il mancato adempimento da parte della Germania dei suoi obblighi ai sensi del trattato di Versailles. Ne risultò una campagna di resistenza, con tedeschi di tutte le convinzioni politiche che si unirono per combattere (con metodi sia passivi che attivi) contro le forze di occupazione.

*** Paetel qui fa riferimento al periodo della **"linea Schlageter"**, quando l'esecuzione nel 1923 del "terrorista" nazionalsocialista Albert Leo Schlageter da parte delle forze di occupazione franco-belghe nella Ruhr portò a un breve periodo di aperta collaborazione tra nazionalisti e comunisti. Karl Radek e Paul Fröhlich erano comunisti di spicco; il *"Rote Fahne"* (*"Bandiera rossa"*) era il quotidiano nazionale del KPD. Il conte **Ernst zu Reventlow** (editore della rivista *Reichswart*), **Arthur Moeller van den Bruck** (un importante collaboratore della rivista *"Gewissen"*, in italiano *"Coscienza"*), e il barone **Heinrich von Gleichen** (editore **del** *"Gewissen"*, ribattezzato *"Ring"* nel 1927) erano nazionalisti di spicco. Tutti questi uomini si scambiarono articoli sui vari giornali durante questo periodo, discutendo e dibattendo apertamente per una collaborazione tra i marxisti e i *völkisch* .

††† **Frank Thiess** (in alternativa, Frank Thieß) è stato un romanziere e drammaturgo tedesco, originario del Baltico, che aveva alcune inclinazioni conservatrici-rivoluzionarie. Dopo la seconda guerra mondiale era divenuto noto per aver coniato il termine "emigrazione interna" per descrivere coloro che si opponevano al nazionalsocialismo i quali, incapaci di emigrare fisicamente, emigravano invece "mentalmente" - sia ritirandosi dalla vita pubblica, impegnandosi nella resistenza, sia tenendosi accuratamente alla larga da qualsiasi azione potesse fornire supporto o legittimità al regime nazionalsocialista.

‡‡‡ Francese per *"roccia di bronzo"*, un'espressione usata in tedesco e proveniente da Federico Guglielmo I di Prussia. Ha un significato che suggerisce solidità, forza duratura, fermezza incrollabile e potenza. Federico Guglielmo I utilizzava il termine per descrivere l'autorità e la sovranità della corona prussiana.

IL GIOVANE NAZIONALISMO

I giovani in Germania si trovano oggi di fronte a una decisione concreta: o la *jeunesse dorée*, per essere l'ultimo contingente del passato, nella chiara evidenza della situazione disperata della borghesia che ha fallito politicamente in ogni circostanza (la vergognosa capitolazione dei capitalisti nella *Ruhrkampf* prima del generale Dégoutte al momento in cui i sussidi statali sono stati tagliati è solo uno dei tanti esempi);

oppure, da socialisti, essere i custodi dei valori originari della storia tedesca e anche della cultura borghese, solidali con il proletariato nella loro lotta di classe ma senza scadere nel *"Proletkult"* (culto del proletariato). Non esiste una soluzione di compromesso.

Questa decisione non esclude i giovani tedeschi dalla storia del loro popolo. E i fatti, attorno ai quali deve orientarsi oggi ogni decisione politica, rendono la scelta abbastanza chiara:

> **La guerra persa**, inevitabile a causa della sua intera struttura che giustificava una politica *unvölkisch* (franchigia a tre classi*), dovuta alla corruzione della borghesia in crisi commerciale - **questo ci ha portato a divenire i più profondamente anti-borghesi.**

> **La rivoluzione perduta**, inevitabile a causa delle mezze misure e della mancanza di istinto da parte dei suoi capi, persa per cecità nei confronti del compito nazionale di sconvolgimento radicale - **questo ci ha resi ancor più rivoluzionari.**

> **La sovranità perduta** della Germania, destino inevitabile della Repubblica liberal-capitalista di Weimar sostenuto dalla sua subordinazione a Parigi e Wall Street - **questo**

ci ha fatto divenire inequivocabilmente nazionalisti.

La falsità della *Volksgemeinschaft*†, una menzogna che ha diffamato il processo di rinnovamento del corpo del *Volk* [*Volkskörper*] e si è incarnata nella lotta per il potere [*Volkszerstörend*] che distrugge le persone del nuovo Stato - **questo ha fatto di noi compagni combattenti nella lotta di classe**.

Il destino disperato di tutte le generazioni del dopoguerra, il riconoscimento che questo destino è subordinato a un ordine capitalista anti-popolare, possidente-borghese, **questo ci ha trasformati in anticapitalisti, ci ha trasformati in socialisti.**

Indubbiamente, la volontà dei *Bündische*‡ - come dimostrano i *Jugendbünde*, i **Freikorps** e così via - **di subordinare se stessi e la propria libertà al "noi", al "collettivo" auto-selezionato, non è da sottovalutare. È pre-politico piuttosto che un fatto politico; in definitiva è una categoria pedagogica.**

L'ideale *Bündische* non è un principio politico, non deve impegnarsi in una manifestazione concreta nella politica tedesca. Tutte le teorie secondo cui il "Fronte *Bündische*" domani potrà raggiungere il potere statale e sarà in grado di trasferire le leggi della vita collettiva dai giovani all'ordine statale sono davvero belle, ma sono comunque solo utopismo romantico.

I veri fronti funzionano diversamente.

Il Movimento giovanile ha conseguito molti risultati. I suoi aspetti educativi sono oggi innegabili e non possono più essere annullati. Politicamente, tuttavia, ha fallito su tutta la linea.

Per valutare correttamente la politica tedesca, il Movimento giovanile deve imparare una cosa: l'importanza della Germania delle grandi città, degli uffici per la disoccupazione, delle azioni di massa.

"Il Movimento giovanile è morto! - Lunga vita alla politica!"

Questo slogan, che anni prima chiudeva una conferenza per la guida di uno dei più grandi *Bünde* (sebbene non ne derivassero mai conseguenze reali), deve essere preso finalmente sul serio da ogni singolo tipo *"Bündische"*.

Allora, e solo allora, il potere e il successo finale saranno liberati dalla forza sostanziale che senza dubbio esiste in quell'insieme.

Essere giovani non è una virtù. E il conflitto generazionale non è una novità nel processo del diritto biologico. Solo quando, al crocevia dei secoli, la giovinezza si trova sull'orlo di epoche spirituali in decadenza, la questione generazionale assume un significato storico e quindi anche politico. Anche il Movimento giovanile - non generato da alcuna aspirazione, ma nato dall'alienazione della vita dei giovani dai valori sociologici e ideologici dei loro padri, prendendo forma come lotta per l'autonomia della vita comunitaria giovanile - non ha alcuna missione di per sé. **Voler stimolare la politica del Movimento giovanile come fronte politico della Germania di oggi – un sogno a cui molti di noi una volta si aggrappavano - è assurdo.**

Atteggiamento e apertura intellettuale non sono ancora valori politici, i certificati di nascita non sono carte d'identità politiche. La coscienza esistenziale è solo una base pre-politica, mai un criterio politico.

Non ci sono doveri politici per la giovane generazione nel suo insieme. (Oltre a ciò, si dovrebbe tener conto di quanto i singoli gruppi di età tra i 18 e i 40 anni differiscano oggi nei loro ritmi di base).

Ma c'è un approccio per i giovani che vede la Nazione come il valore centrale delle loro vite personali e della loro funzione sociale[13] .

La gioventù rivoluzionaria borghese, che ancora oggi vede senza dubbio per la maggior parte nel nazionalsocialismo il compimento della sua visione di unire gli impulsi economici nazionali e rivoluzionari, **è portatrice sociologica di ciò che i**

---

13 Confrontare Klaus Mehnert: *"La gioventù nella Russia sovietica"* [*"Die Jugend in Sowjetrußland"*], Fischer Verlag, Berlin.

borghesi chiamano nazional-bolscevismo

Non ci sono politiche per gli *Jugendbünden*, tagliati fuori dai fronti dei loro padri.

Non ci sono politiche per le giovani generazioni nella battaglia dei giovani contro l'epoca[14].

Ma c'è una missione per il giovane nazionalismo, in particolare per i giovani del dopoguerra, che - dopo oltre dieci anni di inutili lotte della generazione del Fronte – sono gli unici in grado di risolvere: piantare le bandiere della Nazione nel campo della lotta di classe, tramandare di bocca in bocca la parola d'ordine "Germania" negli eribanni§ della rivoluzione, dar vita, accanto alle formazioni dei partiti proletari, a un ordine di rivoluzionari nazionalisti, anti-borghesi e anticapitalisti.

Stabilire il punto focale dell'immortale germanicità nel campo degli odierni senzapatria, pronti per i doveri del domani: questo è il compito del

Giovane Nazionalismo Rivoluzionario.

Solo lì è possibile rispondere alle domande che devono affrontare oggi i giovani tedeschi.

Non riteniamo di dover seguire il consiglio di Oswald Spengler: "*Difendere la posizione perduta di un mondo che affonda*[15],

---

14 Confrontare Karl O. Paetel: "*La struttura della gioventù nazionale*" e "*Il volto spirituale della gioventù nazionale*" ["*Die Struktur der nationalen Jugend*", "*Das geistige Gesicht der nationalen Jugend*"], disponibili presso l'editore di "*Nazione Socialista*".

15 Come esempio di quanto i rappresentanti di questo mondo si sentano in declino, si veda un estratto della "*Deutsche Allgemeine Zeitung*", ed. 139, 23/03/32:
"*All'assemblea generale dell'AEG**** di ieri, il consigliere dottor Bücher ha rilasciato una dichiarazione che ha fatto luce sulla tragedia dell'economia tedesca in questi mesi di grave crisi. Il consigliere Bücher ha affermato che l'ambizione dell'imprenditore di oggi non può che essere quella di essere uno degli ultimi a trovarsi sotterrato nel cimitero dove giace l'economia privato-capitalista, senza che nessuno possa sostituirla con un altro sistema economico sostenibile*"

come quel soldato romano le cui ossa furono trovate davanti a un cancello di Pompei, che morì al suo posto perché, durante l'eruzione del Vesuvio, si erano dimenticati di dargli il cambio"[16].

NOTE DEL TRADUTTORE

* Il sistema prussiano di **"franchigia a tre classi" fu il sistema elettorale tedesco dal 1848 al 1918**, deliberatamente strutturato in modo da fornire ai ricchi una maggiore influenza nelle elezioni rispetto a quanto la loro proporzione all'interno della popolazione avrebbe altrimenti garantito.

† Il concetto di **"*Volksgemeinschaft*"**, o **"comunità di popolo" senza classi,** oggi tende ad essere specificamente associato al nazionalsocialismo poiché fu un aspetto centrale della sua propaganda. Il concetto è tuttavia precedente al NSDAP, e aveva una certa popolarità tra molti gruppi di diverse convinzioni politiche, compresi segmenti dei socialdemocratici. L'idea di una Germania libera dalle tensioni create dalla classe e dallo status sociale era attraente per molti ed era stata sostenuta come ideale sia dal governo imperiale durante la Grande Guerra sia dal nuovo regime socialdemocratico dopo la Rivoluzione di novembre. L'uso da parte di Paetel della frase "*la falsità del Volksgemeinshaft*", basato su commenti successivi all'interno del Manifesto, è improbabile che sia un rifiuto del concetto stesso come intrinsecamente disonesto; più probabilmente sta criticando il modo (ai suoi occhi) disonesto con cui il termine è stato usato dai vari gruppi che lo hanno sostenuto come un concetto politico. Si veda in particolare il capitolo "*La lotta di classe come richiesta nazionalista*".

‡ Gran parte di questo capitolo tratta del **Movimento giovanile [*Jugendbewegung*]**, che ha svolto un ruolo significativo nella vita politica e culturale tedesca nell'era precedente alla seconda guerra mondiale, e ha avuto un forte impatto sullo sviluppo di organizzazioni giovanili politiche e religiose come la Gioventù

---

16 Oswald Spengler, "*Der Mensch und die Technik*", C. Beck, Munich.

Hitleriana, la Lega dei Giovani Comunisti, eccetera. Nato come una sorta di movimento di "ritorno alla natura" (il **Wandervogel**), il Movimento Govanile tedesco poneva una forte enfasi sullo scoutismo, l'escursionismo, il campeggio e altre attività all'aria aperta. Questo attaccamento romantico alla campagna tedesca portava spesso a un rafforzamento delle tendenze nazionaliste e/o *völkisch* nei giovani. All'indomani degli effetti della prima guerra mondiale, questo radicato sentimento nazionale ha portato a una trasformazione nel Movimento giovanile, determinando in particolare la proliferazione di molte organizzazioni giovanili organizzate e gerarchiche, spesso con una leadership centrale, le proprie bandiere, uniformi e rituali, e un insieme fondamentale di valori o credenze a guidare le loro attività (spesso questi ideali erano politici e nazionalisti, anche se non sempre). Erano conosciute come la Gioventù *Bündische* (*Bündische Jugend, o Jugendbünde*). *Bund* (plurale *Bünde*) si traduce come "lega", sebbene il suo significato in tedesco possa essere un po' più evocativo, suggerendo un'associazione più organica e comunitaria tra i membri rispetto a quella di termini correlati come *Orden* ("ordine"). Molti dei *Bünde* arrivarono a vedere l'ideale *Bündische*, che sperimentarono come una sorta di fratellanza comunitaria e meritocratica guidata da una leadership carismatica, come l'offerta di un prototipo per una futura comunità o Stato organico tedesco. Lo stesso Paetel era stato uno dei capi della **Deutsche Freischarr**, una delle più grandi organizzazioni di *scouting Bündische*; la sua esperienza con la *Bünde* e con il concetto ideologico *Bündische* è ciò che motiva le sue critiche e opinioni in questo capitolo.

§ **L'Eribanno** era in origine la chiamata ufficiale alle armi nel Sacro Romano Impero, con la quale un re o un signore radunava i proprietari terrieri per una campagna militare, avvisandoli della necessità di adempiere ai propri doveri feudali prendendo le armi al servizio di un'autorità superiore. Successivamente il significato del termine fu ampliato, arrivando a significare un contingente di proprietari terrieri tenuto in riserva per il servizio militare.

** **"AEG"** = *"Allgemeine Elektricitäts-Gesellschaft'"*, *"Società Generale dell'Energia Elettrica"*.

NAZIONALSOCIALISMO RIFORMATO?

Qualche tempo fa è giunto dalla stampa l'annuncio della fondazione di un "Partito socialista tedesco"* che si pone l'obiettivo di unire i vari gruppi scissionisti e secessionisti nazionalsocialisti e, **come una sorta di nazionalsocialismo purificato, onorare le promesse non mantenute da Adolf Hitler:** rioccupando la posizione politica che aveva abbandonato, promettendo che i veri nazionalsocialisti, dopo aver riconosciuto il tradimento dei loro precedenti leader, si sarebbero invece rivolti ai riformatori.

La pretesa di rappresentare il "vero nazionalsocialismo" non è nuova. Sia la *Comunità combattente dei nazionalsocialisti rivoluzionari* - che costituisce il nucleo del *"Fronte Nero"* guidato dal dottor **Otto Strasser** (in realtà, sia il guscio che il nucleo sono identici!†) - così come il *Movimento di combattimento nazionalsocialista indipendente di Germania* del **capitano Stennes,** fanno simili dichiarazioni.

La debolezza numerica di questi gruppi non è un argomento contro le loro capacità politiche. L'evoluzione del partito di Hitler ha reso le persone sufficientemente scettiche sulla superiorità dei "grandi" contro le "schegge".

Ma dopo la funzione politica e sociale di tali formazioni, ciò che rimane è l'indagine di base e, successivamente, la ricerca del punto di partenza storico per un "nazionalsocialismo riformato".

Il motivo principale per cui ogni tentativo di riforma (un approccio che rende fallace la loro missione fin dall'origine) comporta il rivoltarsi contro il NSDAP è dovuto all'accusa di

inadeguatezza personale nei confronti dei vecchi capi del partito, alla deviazione dei leader dalla vecchia (e in linea di principio corretta) linea dei 25 punti, così come al loro perseguimento di misure tattiche sbagliate.

Tutti costoro vogliono essere nazionalsocialisti, quelli che si rivoltano contro l'insoddisfacente Hitler, contro l'influenza dei pezzi grossi [*Bonzokratie*]‡, contro la mentalità borghese strisciante, contro la Casa Marrone, contro le misure "legali" scorrette della direzione del partito, ciascuno credendo di essere il possessore del vero anello§. Otto Strasser ha a tal fine fornito la cornice di una "*visione del mondo del XX secolo*"; il capitano Stennes fa appello al sentimento rivoluzionario e alla bramosia dei membri delle SA; il Partito socialista tedesco si sta allontanando dalle misure errate dell'ultimo trimestre**.

Ed ecco il punto di rottura di tutti questi tentativi. Essere un gruppo di opposizione può essere prezioso. Ma il destino delle varie opposizioni all'interno del campo marxista, tuttavia, mostra abbastanza chiaramente che il destino più propizio che spetta a un'opposizione del genere è che i suoi argomenti (tre quarti dei quali sono sempre e solo rispetto alle differenze tattiche) saranno un giorno silenziosamente accettati tramite la "coscienza di partito", e a questo punto senza ulteriori indugi l'opposizione perderà tutta la sua ragione di esistenza.

Se, tuttavia, il vero fallimento del partito hitleriano non è dovuto all'inadeguatezza delle sue personalità di spicco, ma si basa invece sulle decisioni fondamentalmente sbagliate del partito, allora qualsiasi riformatore di questo tipo non coglie il problema centrale e diventa una copia in miniatura del fratello maggiore, mai portatore di leggi storiche.

NOTE DEL TRADUTTORE

* Il termine **"socialismo tedesco"** era spesso usato in modo intercambiabile con "nazionalsocialismo" - entrambi intendevano indicare un socialismo che era l'antitesi dell'ideologia internazionalista e "non tedesca" di Marx ed Engels. Uno dei primi partiti nazionalsocialisti in Germania era chiamato "Partito socialista tedesco" - fondato nel 1918 (pochi mesi prima del Partito dei Lavoratori Tedeschi di Anton Drexler), fu per un breve periodo il più grande e importante partito nazionalsocialista del Paese, celebrato dai nazionalsocialisti in Austria e tra i Sudeti, prima del suo eventuale assorbimento nel NSDAP avvenuto nel 1922. Il partito a cui Paetel fa riferimento era un gruppo abbastanza piccolo che si era separato dal NSDAP intorno all'agosto 1932: il "Partito dei lavoratori socialisti tedeschi" (**Deutsche Sozialistische Arbeiterpartei, DSAP**), talvolta indicato anche come "Partito socialista tedesco" o "Partito sociale tedesco". I suoi leader, **Arno Franke e Wilhelm Klute**, erano stati entrambi membri attivi del NSDAP (sebbene Franke avesse iniziato la sua carriera politica come socialdemocratico) ed entrambi erano rimasti nel tempo amaramente delusi dal partito, in particolare dalla sua struttura organizzativa e da ciò che percepivano come scarse qualità della sua leadership locale. Il DSAP aveva lo scopo di promuovere una linea socialista più pronunciata evitando la corruzione e l'autoritarismo che secondo Klute e Franke stavano trascinando verso il basso il NSDAP; i suoi leader speravano quindi che avrebbe attirato tutti coloro di indole nazionalsocialista che nondimeno erano diffidenti nei confronti di Hitler o di altre figure di spicco del Partito Nazionalsocialista. Il gruppo al suo apice non ebbe mai più di 2000 membri e la sua attività era concentrata esclusivamente a Berlino e in parti della Sassonia. Come gli altri gruppi scissionisti nazionalsocialisti (erano molti nei primi anni '30), il DSAP fu bandito dopo che Hitler assunse il potere. Klute sopravvisse oltre la fine della guerra, ma Franke fu arrestato nel 1933 e probabilmente morì in un campo di concentramento.

† In tedesco, "*Bonzen*" significa "capi" o "pezzi grossi". "*Bonzokratie*" significa quindi qualcosa come "governo dei pezzi grossi" o "influenza dei capi", o più semplicemente "capo". È anche occasionalmente tradotto come "oligarchia"; questa a parer mio è una resa inesatta, in quanto rimuove parte del significato più profondo dietro la parola, che aveva un significato particolare per i nazionalsocialisti. Le critiche all'interno del partito contro la leadership (tipicamente avanzate dai membri della SA contro i funzionari) implicavano spesso l'uso del termine "*Bonzen*", indicando così come i leader fossero fuori dal mondo, snob e prepotenti, non meglio dei capitalisti contro i quali il Nazionalsocialismo affermava di combattere.

‡ **Probabilmente un riferimento alla "parabola dell'anello" dell'opera teatrale di Gotthold Lessing "*Nathan il Saggio*".** Nella commedia, il personaggio Nathan racconta a Saladin la storia di un padre che ha lasciato ai suoi figli tre anelli, di cui solo uno magico; gli altri che erano fisicamente identici erano banali copie. I tre fratelli litigarono per la proprietà dell'anello "reale", finché alla fine non furono riappacificati da un uomo più saggio. La storia è intesa come una parabola sulla fede religiosa, ma Paetel qui la sta usando come un'analogia per i litigi dei gruppi scissionisti nazionalsocialisti su chi fosse il portatore della "vera" dottrina nazionalsocialista.

§ **La menzione di Otto Strasser qui è un riferimento al suo libro del 1929** "*Der Nationalsozialismus – die Weltanschauung des 20. Jahrhunderts*". **Il capitano Walter Stennes** era un ex leader della SA di Berlino che nel marzo 1931 guidò una ribellione delle camicie brune (lo "***Stennes-Putsch***") contro la leadership del NSDAP, prima di partire per formare il proprio gruppo, che dopo alcuni problemi alla fine prese il nome "Movimento di combattimento nazionalsocialista indipendente di Germania" ["*Unabhängige Nationalsozialistische Kampfbewegung Deutschlands*"].

L'ERRORE DEL FASCISMO

La disastrosa e mal interpretata missione storica di ciò che giustamente avrebbe potuto essere chiamato "nazionalsocialismo"* può già essere vista nei primi mesi di lavoro del partito hitleriano nel 1919, in cui i risentimenti anti-statalisti contro Berlino (che sono praticamente un filosofia di vita al di là della "*Main line*"†, dove si preferisce guardare a Roma piuttosto che alla terra del "*Prussian Gau*") sono stati evidenziati da un pronunciato errore storico, errore che ha definitivamente respinto il carattere della "rivolta germanica" contro Parigi.

Nel momento in cui solo coloro che erano sotto il giogo di Versailles erano in grado di scrivere la storia, lo slogan della ribellione contro Versailles fu integrato dallo slogan di politica interna "Contro il marxismo", evitando la volontà di schierarsi, in nome del partito, dalla parte degli indigenti, dei senzatetto, dei senza patria, al fine di creare per loro una ? Patria[17] attraverso un cambiamento radicale nella vita sociale ed economica. Dopo aver realizzato che la richiesta del momento era "*tramite il socialismo verso la Nazione*", il calcolo della borghesia proprietaria fascista divenne: "*batti il marxismo - ed elimini la distruttiva stratificazione di classe!*"

---

17 **Moeller van den Bruck lo segnala perfettamente in "*Il Terzo Reich*" [*"Das dritte Reich"*]**: "*È intollerabile che la Nazione abbia permanentemente sotto i suoi piedi un proletariato che ne condivide la parola, la storia e il destino, senza farne parte integrante... I proletari più giovani cominciano già a drizzare le orecchie quando sentono parlare di un Paese dei loro padri che i figli devono conquistare per diventare possesso dei loro stessi figli*". Anche **Bebel** la formulò bene al "Congresso Socialista Internazionale di Stoccarda" del 1907: "*Ciò che stiamo combattendo non è la Patria stessa, che appartiene al proletariato molto più che alle classi dirigenti, ma le condizioni che fanno prevalere nella Patria gli interessi delle classi dirigenti*". E anche **Bismarck** lo ha riconosciuto molto bene. In tutti i suoi discorsi politici vediamo sempre la necessità di difendersi dall'accusa di **"socialismo di Stato"**.

Quindi il principio in cui si è impegnato il NSDAP era falso fin dall'inizio, e ciò ha condannato al fallimento ogni tentativo di rinascita del suo spirito che riafferma sempre lo stesso principio.

Uno sguardo allo sviluppo del fascismo italiano dimostra l'inevitabile e obbligatoria legittimità di una tale posizione di lotta. Negli ultimi mesi il dottor **K.A. Wittfogel‡ è stato inequivocabilmente in grado di dimostrare, sulla base di vecchi testi ideologici[18], che i primi programmi fascisti avevano un carattere socialista completamente rivoluzionario, grosso modo equivalente all'USPD tedesco.** Finché i fascisti hanno tenuto fede a queste richieste, sono rimasti semplicemente una delle tante associazioni di turbolenti combattenti in prima linea. **Al momento però - proprio come accadde in Germania nel 1919 - in cui la borghesia, minacciata dall'"ondata bolscevica", ha riconosciuto la possibilità di schierare queste forze militanti per la propria sicurezza, il fascismo è emerso teoricamente e praticamente come forza anti-marxista e ha assunto senza ambiguità la funzione sociale di organizzazione di sicurezza per l'***establishment***.**

Come ad esempio nel caso del primo maggio, quando le cellule dei ferrovieri fascisti hanno reso impossibile per la prima volta in Italia uno sciopero generale; o quando le leghe combattenti fasciste, con l'appoggio clandestino del governo, hanno liquidato l'occupazione sindacalista delle fabbriche; così Mussolini, ignorando completamente i vecchi punti radicali del suo programma, ha creato le condizioni psicologiche affinché le forze anti-bolsceviche aprissero più o meno volentieri la strada alla creazione di "pace e ordine".

---

18 *"Der Rote Aufbau,"* 1932, n. 16.

NOTE DEL TRADUTTORE

* **"Nazionalsocialismo"** - In tedesco il termine "nazionalsocialismo", cioè l'ideologia del nazionalsocialismo sostenuta dal NSDAP, è scritto come una sola parola: "*Nationalsozialismus*". Paetel in tedesco usa invece molto deliberatamente in questa frase un'alternativa di due parole, **"Nationaler Sozialismus"**. Entrambi hanno la stessa identica traduzione, ma i diversi modi in cui sono scritti trasmettono un diverso significato: qui Paetel sta tracciando una chiara distinzione tra il concetto di "nazionalsocialismo" (che ovviamente approva) e la formale ideologia del nazionalsocialismo propagata dal NSDAP.

† La **"linea principale"** (**"*Mainlinie*"**) è la linea tra il nord e il sud della Germania, che storicamente demarcava le sfere di influenza politica di Austria e Prussia all'interno della vecchia Confederazione tedesca. Al momento della scrittura del Manifesto di Paetel il termine era usato per riferirsi alla divisione delle differenze politiche, culturali, religiose, eccetera tra il **nord (dominato dalla Prussia) e il sud (dominato dalla Baviera) del Paese**. L'osservazione di Paetel secondo cui quelli del sud "preferivano guardare a Roma" è un riferimento al cattolicesimo bavarese, una religione vista da alcuni nazionalisti radicali come un'imposizione straniera (a volte indicata come "l'Internazionale nera", in contrapposizione all'"Internazionale rossa" del marxismo e l'"Internazionale aurea" del capitalismo) con un presunto impatto politico e culturale pernicioso, accentratore, autoritario.

‡ **Karl August Wittfogel** era un drammaturgo, sociologo e sinologo e una delle figure intellettuali più importanti del Partito Comunista tedesco. È stato un frequente collaboratore di questioni culturali per un certo numero di riviste marxiste ed è stato autore di diverse commedie espressioniste di successo a tema socialista. Wittfogel era considerato un esperto della Cina, Paese in cui trascorse molto tempo come ricercatore; le sue esperienze in Cina influirono in parte sulla sua definitiva rottura con il comunismo intorno al 1939-40. Nel periodo della Guerra Fredda divenne fortemente anticomunista.

L'ERRORE STORICO DEL PARTITO NAZIONALSOCIALISTA

Il parallelo è ovvio. Il consiglio dei sette di Monaco, come forza anti-Versailles e allo stesso modo attraverso il suo "allineamento" (l'anticapitalismo emotivo del "rompere la schiavitù dell'interesse", attrae solo gli sradicati e strati rivoluzionari di soldati del fronte radicalizzati, studenti, eccetera), è divenuto un pezzo sulla scacchiera della pigra politica borghese nel momento in cui è diventato chiaro che tramite loro (con la graziosa tolleranza da parte della borghesia della loro esuberanza giovanile nell'esprimere sentimenti radicali) si potevano formare forze che sarebbero state in grado di respingere l'avanzata della classe operaia marxista e, possibilmente, essere nella posizione di eliminarla.

In una situazione in cui l'urgente decisione da prendere sulle forze di classe era sempre più netta, chiunque avesse assunto lo slogan "contro il marxismo" nella battaglia tra capitale e lavoro doveva rimanere volontariamente o controvoglia indifferente per necessità, al fine di essere in grado di schierarsi con coloro che avevano tutto l'interesse a ripudiare le pretese di potere politiche ed economiche del marxismo.

Capitale finanziario e grandi proprietari terrieri, ufficiali senza lavoro e signori feudali ossessionati dalla restaurazione, tutti potevano in quel momento trascurare alcune imperfezioni programmatiche, poiché dimostravano ancora le possibilità del NSDAP di riportare la distribuzione del potere nella politica tedesca al suo vecchio stato.

La colpa di questo sviluppo non è degli incapaci membri dell'Osaf Herr Stennes, Herr Strasser, o anche di Herr Schulze*, che erano altrettanto impotenti a sfuggire alle dinamiche interne.

Si possono rifiutare alcuni punti del programma marxista, si può sostenere che la sua visione del mondo è carente e obsoleta, ma non lo si potrà respingere né con le persuasioni né con le truppe d'assalto[19]. Esso potrà essere superato solo al suo stesso interno. La Russia lo dimostra.

Come nazionalista, il pensiero di un individuo riguardo la politica tedesca odierna deve essere in termini di forze, non di ideologie[20] .

Da un lato, oggi c'è un governo le cui politiche interne rappresentano la reazione più oscura; l'ulteriore intensificazione delle distinzioni di classe; la creazione di una "subumanità" vivente sotto lo *stato di eccezione*† **in cui l'unità nazionale necessaria per raggiungere la sovranità è completamente indebolita; una politica estera rivolta alla Francia, con intenzioni cristiane di intervento; e il movimento fascista quale esultante fiduciario dell'eredità borghese, unito alla classe media possidente e incapace di liberazione nazionale così come di rivoluzione socialista. - E, dall'altra parte, ci sono le classi lavoratrici rivoluzionarie, organizzate nel e con il KPD, che negano i principi fondamentali della schiavitù della politica estera da Versailles a Young, e pronte per l'atto rivoluzionario che trasferirà l'economia nel mani del tutto, rendendo i senza-patria gli amministratori della nuova Patria che creerà la Nazione[21]...**

Con una separazione così netta e senza speranza tra le due parti, il nazionalismo rivoluzionario non può rimanere in attesa come 'terzo fronte' finché entrambe saranno rese obsolete e superate

---

19 *"Non si può uccidere il marxismo con il calcio del fucile, ma bisogna dare al Volk una nuova idea!"* (**Il generale Ludendorff** davanti al tribunale, 1924)

20 Il riconoscimento che oggi l'età egoistica del liberalismo viene soppiantata dal comunitarismo socialista è indubbiamente corretto. Ma fare di una 'legge' calcolata in cifre annuali una camicia di forza dimostra solo una completa incapacità di pensare storicamente.

21 **Karl Radek,** *"Der Kampf der Komintern gegen Versailles und gegen die Offensive des Kapitals"*, **1922: "Questa Repubblica non ha il coraggio di dire: 'Noi cessiamo di essere una Nazione, siamo una colonia dei capitali europei', e ancor meno ha il coraggio di dire alle masse: 'Oggi dobbiamo sottometterci, ma vogliamo prepararci alla battaglia'. La classe operaia tedesca non andrà mai al potere se non è in grado di dare alle larghe masse del popolo tedesco la fiducia che combatteranno con tutte le loro forze per scrollarsi di dosso il giogo del capitale straniero".**

dall'interno - altrimenti il 'terzo fronte' diventerà, come per Hans Zehrer, il 'fronte dell'ultima autorità', il Reichswehr‡. Il nazionalismo rivoluzionario deve prendere posizione. In altre parole, per essere inequivocabilmente un compagno di lotta, per schierarsi con le forze anti-Versailles, per rimanere con le formazioni che vogliono combattere per la Patria socialista di domani, bisogna quindi stare al fianco del KPD dove si combatte la lotta per il lavoro, la Nazione e il socialismo, dove la lotta di classe è affermata come la via verso la rivoluzione[22].

NOTE DEL TRADUTTORE

* 'Osaf' è un'abbreviazione per *'Oberste Sturmabteilung Führung'* ('Leadership suprema della divisione d'assalto'), lo stato maggiore delle SA – Paetel si riferisce alla precedente posizione di comando di **Stennes** all'interno delle SA. **"Herr Strasser" è Otto Strasser piuttosto che Gregor,** che a questo punto aveva rassegnato le dimissioni da tutti i suoi incarichi di partito ed era un membro della base in procinto di ritirarsi definitivamente. L'identità di **"Herr Schulze" è meno chiara. È possibile che Paetel intenda Karl Schulz,** leader del Partito Tedesco dei Lavoratori Nazionalsocialisti (DNSAP) in Austria. **Il DNSAP era un partito più vecchio del NSDAP,** e si era scisso a metà degli anni '20 sulla questione se sottoporsi o meno alla leadership di Hitler. Le forze pro-Hitler fuoriuscirono dal DNSAP, che Schulz guidò poi senza opposizione. Al momento della pubblicazione del Manifesto di Paetel, il DNSAP si era ridotto a un'ombra di se stesso, incapace di competere con la vitalità e la popolarità del movimento hitleriano, ma Schulz manteneva ancora un certo prestigio con i nazionalsocialisti nei territori di lingua tedesca in quanto ultimo rappresentante rimasto del Nazionalsocialismo pre-hitleriano.

---

22 Ciò sarà possibile, tuttavia, solo se si mettono da parte descrizioni così 'argute' come quelle di A.E. Günther:: *"Marx ha costituito il proletariato come un ghetto secolarizzato, impiantando in esso il carattere sovversivo che opera nella lotta di classe"*.

† **Lo 'stato di eccezione' è un concetto politico ideato da Carl Schmitt**, un influente giurista e politologo con forti inclinazioni nazionalsocialiste e tendenti alla Rivoluzione conservatrice. Le opere di Schmitt sullo stato di eccezione avevano lo scopo di fornire una spiegazione teorica a quella che spesso veniva considerata un'anomalia giuridica: la capacità di un ordinamento giuridico apparentemente assoluto di contenere in sé i mezzi della propria sospensione (cioè legge marziale, stato di emergenza eccetera). **L'uso del termine da parte di Paetel in questo contesto è probabilmente un riferimento all'articolo 48 della Costituzione di Weimar, che consentiva al presidente di governare per decreto ed era stato una costante nella vita politica tedesca sin dai tempi della Cancelleria di Brüning.**

‡ **Hans Zehrer era un intellettuale social-nazionalista e direttore di *"Die Tat"* [*"Il fatto"*]**, un giornale intellettuale della Rivoluzione conservatrice assai letto. Zehrer rifiutava il concetto di partiti politici ed era stato uno degli artefici intellettuali dietro le quinte dei tentativi del generale Schleicher di creare un'ampia coalizione **(il *'Querfront'*, cioè 'fronte incrociato') tra esercito, sindacati e seguaci di Gregor Strasser.** Secondo Zehrer, istituzioni durature come la *Reichswehr* avevano molto più diritto di formare la base politica dello Stato rispetto a partiti politici litigiosi e transitori.

COMUNISMO NAZIONALISTA

Fin dall'inizio, una serie di gruppi di "estrema destra" relativamente piccoli si sono tenuti a distanza dal NSDAP (i loro portavoce non si sono mai associati al partito), che oggi si schiera consapevolmente contro di loro perché sono "nazional-comunisti" e anti-fascisti.

Tanto più diventa evidente che Adolf Hitler non è in grado di onorare le sue promesse - le promesse con cui tiene oggi sotto la propria bandiera le colonne della gioventù idealista e anticapitalista (la giovane borghesia già completamente sradicata sociologicamente) accanto alle folle di persone ansiose di salvaguardare i propri interessi - tanto più si avvicina l'ora in cui in Germania la posizione a lungo derisa e disprezzata del

comunismo nazionale

potrà essere realizzata.

Oggi siamo ancora "utopisti". Ma i più lungimiranti tra i "conservatori" custodi del Graal vedono già all'orizzonte il pericolo per loro che si avvicina. Albrecht Erich Günther[23], il co-editore del "*Deutsche Volkstum*", ha scritto: "*Nella gioventù nazional-rivoluzionaria, che dà slancio all''opposizione nazionale, sorge un profondo sospetto: un giorno saremo condotti come colonne di assalto "bianche" contro un'alluvione "rossa"? **Queste e altre intuizioni risvegliano la sfiducia nei confronti della politica estera dei gruppi imprenditoriali assetati di credito, quindi è ragionevole decidere di battersi***

---

23 **Günther potrebbe voler ricordare quella volta in cui scrisse al nazional-comunista Wolffheim**: "*Avrei in mente una politica che non è in alcun modo contraria ai tuoi obiettivi*" e "*professo ancora le opinioni che hai espresso*" (15 settembre 1920).

contro il "bianco", cioè per il "rosso": il bolscevismo nazionale... Se siamo sulla strada giusta in questo tentativo di interpretazione, possiamo anche prevedere che, nel momento in cui gli esponenti della ragione economica guadagneranno influenza sull'opposizione nazionale portando loro non un sollievo economico ma piuttosto una nuova sottomissione alla Francia, le masse nazionalsocialiste subiranno una trasformazione nel loro stato d'essere. Diventeranno nazional-bolsceviche. Il nazional-bolscevismo raggiungerà allora lo stesso fervore del Nazionalsocialismo, ma sarà anche diretto contro l'imprenditoria tedesca, forse da un altro 'tamburino' estatico"[24]. Questa analisi, scritta all'epoca del governo di Brüning, è ancora valida . Si applica in particolare alla situazione di Hitler *.

E il politico conservatore che "si aspetta molto dal Nazionalsocialismo" sa già cosa fa presagire per la politica nazionalista borghese quando continua in maniera supplichevole:

"La forza del nazional-bolscevismo non può essere valutata in termini di numero dei membri, di un partito o di un gruppo, né secondo la circolazione delle pubblicazioni. Devi sentire quanto la gioventù radicale sia pronta a unirsi senza riserve al nazional-bolscevismo, per capire come all'improvviso un simile movimento possa estendersi da piccoli circoli al Volk".

Se il fallimento del partito hitleriano diventerà chiaramente evidente - a seguito della sua rinuncia alla ristrutturazione economica e alla costruzione socialista, e in seguito alla sua disponibilità a lasciare intatta la "serie dei trattati" †[25] - allora le forze attiviste e rivoluzionarie che come risultato ne

---

24 Dal *"Deutsches Volkstum"*, dicembre 1931, *"Tra il bianco e il rosso"*.

25 Che Adolf Hitler lo abbia solennemente e ripetutamente dichiarato è cosa nota. Ma anche il rappresentante del 'NSDAP di sinistra', il socialista **Gregor Strasser,** lo ha detto esplicitamente: *"Noi riconosciamo la proprietà privata. Noi riconosciamo i nostri debiti e i nostri obblighi a pagarli. Noi siamo contrari alla nazionalizzazione dell'industria. Noi siamo contrari alla nazionalizzazione del commercio. Noi siamo contrari all'economia pianificata in senso sovietico. Noi siamo contrari all'inflazione. Noi siamo a favore del sistema aureo. Quando noi saremo al potere non ci saranno cambiamenti violenti. Noi siamo contrari all'autarchia assoluta"* (*"Strasser a Knickerbocker", "Vossische Zeitung"*, n. 479 del 9 ottobre 1932).

saranno liberate non potranno essere trattenute con mezze misure, come offrono le "opposizioni", ma vorranno passare completamente dalla parte del socialismo.

La maggior parte delle persone, tuttavia, non passerà al KPD, per il profondo sospetto che il suo sentimento nazionale sia mera tattica e non radicato nel suo essere più profondo[26].

Ecco allora la missione del comunismo nazionale tedesco: formare quadri che siano pronti, per il bene della Nazione, a recidere tutti i legami borghesi, che non abbiano più alcun rapporto con i valori e i giudizi dei loro padri da quando sono stati strappati dai loro lavori, studi e carriere e vagabondano per strada - e chi, proprio per questo motivo, vuole la Germania, una Germania che appartenga a loro.

La missione dei gruppi nazional-rivoluzionari è quella di essere il punto di raccolta di coloro che, in una comunione di lotta con il KPD marxista, vadano a formare un fronte di quei rivoluzionari e socialisti che, in quanto non materialisti, dichiarino la Nazione come valore ultimo, ma che siano anche pronti per una rivoluzione radicale per il bene della Nazione, perché solo questo può creare i presupposti per la costruzione della Nazione.

Tre cose diverse rendono questa posizione politicamente efficace:

Volontà coerente: essere socialisti nel vero senso della parola.

Diventare consapevoli di se stessi come non marxisti: essere nazionalisti per fede e conoscenza.

E il rifiuto fondamentale di ogni desiderio e tentativo di riformare il Nazionalsocialismo.

Non il Nazionalsocialismo riformato, ma un blocco di forze nazionaliste giovani e irriducibili in Germania, con una ferma

---

26 Paul Levi, l'allora capo del Comitato centrale, ha dichiarato il giorno della fondazione del partito nel dicembre 1920 a Berlino: "*KPD e USPD avrebbero potuto incontrarsi a Mosca. È necessario risvegliare l'intero potenziale combattivo delle grandi masse. E non c'è dubbio che la testa di questo grande corpo sia la Russia sovietica*".

volontà socialista, una fede nazionalista incrollabile, il riconoscimento della situazione pratica scaturita da Versailles, compagni di lotta del KPD.

Solo in questo modo (e non con le suggestioni di cui oggi borbottano coloro che, in realtà, intendono solo Nazionalsocialismo senza Hitler, e che vogliono sfilare il tappeto da sotto il KPD) può avvenire la formazione di un comunismo nazionale tedesco organizzato e di valore. Il KPD diventerà suo compatriota, e il fascismo e il "semi-fascismo" troveranno in esso il loro avversario più pericoloso. Dovrà farsi avanti quando sarà il momento giusto.

NOTE DEL TRADUTTORE

* **"Un altro tamburino estatico" è un riferimento ad Adolf Hitler.** Nei primi anni del movimento nazionalsocialista, prima che la sua posizione di Führer diventasse inattaccabile, Hitler veniva spesso chiamato (anche da se stesso) "il Tamburino": cioè non necessariamente il leader della rivoluzione nazionalista, che doveva ancora emergere, ma colui che "suona il tamburo" e raduna il popolo tedesco alla causa.

† **"Serie di trattati" – in tedesco "*Vertragsferien*". La Società delle Nazioni pubblicava ufficialmente il testo integrale di ogni trattato internazionale firmato dai suoi Stati membri – compreso il trattato di Versailles – in quella che era conosciuta come la "serie di trattati",** una pratica ancora mantenuta dalle Nazioni Unite. Hitler subito dopo essere salito al potere adottò una politica estera molto cauta, dichiarando di non avere intenzione di causare sconvolgimenti per quanto riguardava gli accordi internazionali firmati dai precedenti governi tedeschi, a cui probabilmente Paetel fa riferimento.

IL VOLTO DEL COMUNISMO NAZIONALE

A grandi linee, il comunismo nazionale tedesco proclama che:

Riconosciamo la necessità della rivoluzione socialista tedesca. È la trasformazione spirituale che determina le caratteristiche economiche, politiche e culturali del nostro tempo; è in effetti la rivoluzione degli operai, dei contadini e delle classi medie proletarizzate.

Ci impegniamo per la Nazione. È il nostro ultimo valore politico come espressione fatidica della comunità *völkisch**.

Ci impegniamo per il *Volk* come comunità culturale etnicamente omogenea†, in contrasto con la civiltà occidentale etnicamente distruttiva.

Ci impegniamo per il significato intrinseco della comunità di popolo tedesca‡.

Ci impegniamo per un'economia socialista pianificata che, dopo aver infranto l'ordine capitalista, leghi *Volk* e Nazione in una struttura economica organica e come un'economia sociale costituisca il fondamento della sovranità statale.

Il raggiungimento dei nostri obiettivi è il Consiglio di Stato dei Popoli della Grande Germania Libera§ come espressione dell'autogoverno del *Volk* produttivo.

I mezzi di produzione devono essere trasferiti alla Nazione come proprietà comune e deve essere dichiarata la proprietà nazionale della terra e del suolo.

Di conseguenza:

Nazionalizzazione di tutte le imprese industriali di grandi e medie dimensioni.

Colonizzazione immediata ed estesa dell'Est** con esproprio dei latifondi.

Attribuzione parziale di piccole aziende agricole ai secondi e terzi figli dei contadini e ai braccianti come Concessione del *Reich*.

Socializzazione parziale dei beni di Stato.

Sostituzione del diritto privato romano con il diritto comune tedesco[27].

Monopolio di Stato sul commercio estero. Nazionalizzazione del sistema monetario. Per il periodo di transizione dopo la rivoluzione, l'autarchia della regione economica russo-tedesca; l'autarchia tedesca come obiettivo finale.

La situazione odierna richiede:

Lotta spietata contro tutti i trattati di schiavitù di politica estera, da Versailles a Young, finché non verranno stracciati.

---

27 In contrasto con il concetto di proprietà fondamentalmente incontrollato e soggettivo del diritto romano che vede la terra e il suolo come una merce, il pensiero germanico riconosceva solo il clan, la famiglia, la comunità cooperativa [*Markgenossenschaft*] come amministratori responsabili della proprietà. Anche nel senso più ampio del diritto, la concezione germanica era sempre legata alla comunità [*gemeinschaftsgebunden*], non soggettivamente individualistica.

Lotta contro tutti gli aspetti del sistema di Weimar e la sua sanzione della servitù esterna, da Hilferding a Hitler, finché non verranno annientati[28].

Lotta contro la politica romana in territorio tedesco.

Lotta per una religiosità razzialmente appropriata in sintonia con il popolo tedesco come condizione preliminare per l'unità *völkisch*.

Una politica di alleanza con l'Unione Sovietica.

Sostenere i movimenti rivoluzionari per creare un fronte unito di tutte le classi e Nazioni oppresse.

La situazione odierna richiede:

L'attuazione più dura della lotta di classe degli oppressi contro tutti coloro che rappresentano il dogma capitalistico privato dell'inviolabilità della proprietà privata.

Questo è l'unico modo per costruire la Nazione tedesca socialista e sovrana.

Per salvaguardare la rivoluzione contro il sequestro del capitale internazionale e contro le aspirazioni controrivoluzionarie, la milizia popolare rivoluzionaria [*Volksheer*] sostituirà l'esercito mercenario al momento della rivoluzione[29], e l'indivisibilità della Grande Germania dovrà essere proclamata al momento della fondazione dello Stato socialista.

---

28 Adolf Hitler nel "*Daily Express*", London 9670, 4 maggio 1931: "*Non chiedo il ripristino dei confini tedeschi prebellici. Non chiedo indietro le colonie tedesche!*". Costituzione di Weimar §178: "*Le disposizioni del trattato di pace concluso a Versailles il 28 giugno 1919 non sono toccate da questa Costituzione*".

29 L'idea di armare la popolazione per completare un esercito di quadri, strenuamente respinta dallo stato capitalista e borghese (insieme all'idea della coscrizione del lavoro) come abuso e corruzione, è anche una richiesta evidente della Nazione socialista.

Per raggiungere tali obiettivi, questo è ciò che è necessario oggi:

Una comunità di lotta dei nazional-rivoluzionari con il partito di classe del proletariato rivoluzionario, il KPD[30].

NOTE DEL TRADUTTORE

*** Il termine esatto che Paetel utilizza qua è '*volkhafter*', non '*völkisch*'.** Come nel caso di molti termini *völkisch*, non esiste una traduzione diretta di *volkaften* in italiano; una traduzione letterale sarebbe qualcosa come **"adesione popolare"**.

† 'Etnicamente omogenea' – Nell'originale tedesco il termine utilizzato è '*artgemäßen*', che si traduce approssimativamente come "adatto alla specie" o "conforme alla natura". In tedesco è una parola usata più comunemente in senso biologico-agricolo, in particolare nei campi della zootecnia, dell'apicoltura eccetera, spesso per descrivere il comportamento animale o metodi di alimentazione, cura e allevamento specifici per una specie. Il termine è stato adottato dai pensatori *völkisch* e in tali scritti ha connotazioni razziali, che è il modo in cui Paetel lo sta impiegando.

‡ 'Comunità di popolo' – '*Volkstums*' in tedesco, un altro termine *völkisch*. *Volkstum* si riferisce allo spirito, al carattere e alla saggezza *völkisch* combinati di una comunità etnica organica, alla loro essenza razziale unificata e alla

---

30 Che la teoria secondo cui "*il marxismo è l'invenzione di quello stesso giudaismo che costituisce il capitalismo, inventato per rendere innocua la protesta del proletariato*" è un'assoluta assurdità (che incomprensibilmente proviene da una mente così intelligente come è quella del conte Reventlow, nella sua opera "*Deutscher Sozialismus*") non necessita di prove.

conoscenza, cultura e tradizioni popolari condivise ed ereditate.

§ **Il concetto di '*Großdeutschland*', 'Grande Germania', risale alla rivoluzione del 1848 – è l'ideale di unire tutte le terre tedesche sotto un unico Stato tedesco.** Il concetto è stato popolare in tutto lo spettro politico in momenti diversi, sebbene sia diventato un obiettivo di propaganda centrale dei movimenti nazionalisti negli anni compresi tra le due guerre. Tra questi gruppi l'ideale della Grande Germania era tipicamente invocato in opposizione al trattato di Versailles, ed evocava idee di riconquista della grandezza tedesca reclamando le terre perse nella guerra e aggiungendovi tutte le aree in cui i tedeschi formavano una parte considerevole della popolazione, come ad esempio in Austria e nelle terre dei Sudeti.

** È molto improbabile che Paetel si riferisca alla Russia o all'Ucraina quando parla della "colonizzazione dell'Est", considerando i suoi sentimenti filorussi. **Questo è forse invece un riferimento indiretto all'"*Ostflucht*" ("volo dall'Est") della fine del XIX secolo, che vide una pesante migrazione di tedeschi dai territori orientali del Paese verso la Germania centrale e occidentale.** Nel tardo periodo imperiale e nella Repubblica di Weimar ci furono numerosi tentativi da parte dello Stato e delle ONG di contrastare l'*Ostflucht* incoraggiando la "colonizzazione interna" dei territori orientali scarsamente popolati della Germania; c'erano anche piani per reinsediare i tedeschi in quelle aree perse a causa del trattato di Versailles (Prussia occidentale, Alta Slesia, Memelland e anche le città di Posen e Danzica) se ne fosse stata data l'opportunità. **C'è anche la possibilità, suggerita dai suoi commenti nel capitolo "Politica estera rivoluzionaria", che Paetel si riferisca alla Polonia.**

PERCHÉ NON SIAMO NEL PARTITO COMUNISTA?

Come dimostrano queste tesi, il nazionalismo rivoluzionario e il movimento comunista oggi sono indiscutibilmente dalla stessa parte del fronte politico nella lotta contro il fascismo e il capitale e per il socialismo e la liberazione nazionale.

Perché non siamo nel KPD?

Il nazionalismo rivoluzionario tedesco lotta, come suo obiettivo politico finale, per la Nazione sovrana tedesca, esistente in una comunità di Stati liberi di popoli [*Völker*] indipendenti l'uno dall'altro.

Il marxismo rivoluzionario - il KPD - si batte, come suo obiettivo finale, per la società senza classi, che (attraverso la lenta morte dello Stato e la fusione delle nazioni) unisca i popoli in una più alta unità.

Il nazionalismo rivoluzionario afferma la lotta di classe come uno sconvolgimento organico nella direzione del corpo del *Volk*, che sostituendo le classi dominanti obsolete reindirizza il nuovo giovane Stato verso una leadership basata sulle funzioni politiche e sociali del tutto.

Il marxismo rivoluzionario vede la storia come una successione di lotte di classe, con la partecipazione vittoriosa a tali lotte come il mezzo con cui il proletariato internazionale può sostituire il capitalismo internazionale con il socialismo internazionale. Riconosce la schiavitù della classe oltre i confini della realtà primaria che è la comunità di popolo.

Alcuni oggi sono combattenti per la libertà nazionale e combattenti di classe per il bene della Nazione, altri sono entrambi per il bene di una società senza classi[31].

Il nazionalismo rivoluzionario si sforza per l'attuazione di un'economia socialista pianificata sulla base dell'autarchia (per la transizione verso un'autarchia tedesco-russa!), per l'eliminazione della proprietà privata dei mezzi di produzione e per la nazionalizzazione della terra e del suolo, il tutto come presupposto perché la rivoluzione possa creare la sovranità della Nazione.

Il marxismo rivoluzionario si batte per l'organizzazione economica pianificata del mondo, negando le aree economiche autarchiche, eliminando la proprietà privata dei mezzi di produzione e socializzando la terra e il suolo. La costruzione socialista in un Paese (Russia) è per loro concepibile solo come fase preliminare[32].

Il nazionalismo rivoluzionario non crede nella possibilità di una pace eterna, in un'umanità capace di annullare gli antagonismi tra i diversi popoli (principio di amico-nemico*).

Il marxismo rivoluzionario mira a un mondo pacificato, garantito dopo l'abolizione degli antagonismi economici.

Il nazionalismo rivoluzionario si batte per una soluzione adeguatamente tedesca alla questione contadina [*Bauernfrage*]. È della convinzione che l'integrazione dei

---

31 **J. Stalin scrisse** in *"Leninismo e questione nazionale"*: *"La questione nazionale nel periodo della II Internazionale e la questione nazionale nel periodo del leninismo sono lungi dall'essere la stessa cosa. Esse differiscono profondamente l'uno dall'altro, non solo nella loro portata, ma anche nel loro carattere intrinseco... Il leninismo ha ampliato la concezione dell'autodeterminazione, interpretandola come diritto dei popoli oppressi dei Paesi dipendenti e delle colonie alla completa secessione, come diritto delle Nazioni all'esistenza indipendente come Stati... La questione nazionale è parte della questione generale della rivoluzione proletaria, una parte della questione della dittatura del proletariato"*.

32 **Il piano per un'economia su larga scala nel sud-est europeo** (Austria, Ungheria, i Balcani, Jugoslavia, Romania) è impraticabile, nella misura in cui i Paesi interessati non sono d'accordo con esso, oltre ad avere forti legami finanziari con la Francia.

piccoli contadini nell'economia pianificata, attraverso un sistema di feudi che abolisca la proprietà privata, debba preservare la "categoria eterna del contadino", e debba essere utilizzabile dallo Stato come riserva di potere.

Il marxismo rivoluzionario si sforza di liquidare la "classe regressiva" attraverso la collettivizzazione e la razionalizzazione delle operazioni agricole, con l'obiettivo finale di una sintesi con il lavoratore che porti a un tipo umano più elevato e "senza classi" (Russia).

Il nazionalismo rivoluzionario comprende la potenza dell'Idea, la necessità di un rinnovamento religioso e l'esistenza di forze irrazionali; vede nell'idea di Nazione il suo fine ultimo e nella comunità di popolo un potere fatalmente imminente. Tutti gli imperativi politici ed economici sono i mezzi per dare forma e realtà a questa idea.

Il marxismo rivoluzionario, basandosi sul materialismo storico, interpreta i processi della storia umana partendo dalle loro condizioni economiche e assegna la "sovrastruttura ideologica" ad un ruolo secondario. Per loro la fede nell'irrazionale deve essere (e sicuramente sarà) superata.

Il nazionalismo rivoluzionario è antifascista perché il fascismo, a parte le sue caratteristiche razzialmente aliene [*fremdvölkischen Zügen*], non capisce come incorporare la leadership del proletariato; nel suo ordine economico c'è solo una riforma del capitalismo; e nella sua forma statale corporativista c'è una dittatura camuffata sul *Volk* operaio che in tal modo perpetua la divisione della Nazione tra governanti e governati.

Il marxismo rivoluzionario vede nel fascismo un movimento militante di autodifesa per la struttura e gli interessi del sistema capitalista, che dirige i movimenti delle masse piccolo-borghesi con pseudo-ideologie formate allo scopo della propria conservazione.

Il nazionalismo rivoluzionario si sforza per un'alleanza politica ed economica con l'Unione Sovietica, come unico oppositore europeo del sistema di Versailles e come Stato

confinante socialista - su queste basi combatte contro qualsiasi intenzione di intervento contro la Russia sovietica.

Il marxismo rivoluzionario chiede la "difesa dell'Unione Sovietica" come la "patria dei lavoratori" e l'inizio del comunismo mondiale.

Il nazionalismo rivoluzionario rifiuta qualsiasi intenzione di acquisire colonie, in riconoscimento dei diritti fondamentali dei popoli oppressi alla libertà nazionale e in conformità con la propria parola d'ordine di sovranità nazionale. Nel cammino verso una comunità di popoli liberi saluta i movimenti di liberazione dell'India, della Cina, dell'Egitto, eccetera, come alleati nella lotta contro le potenze firmatarie di Versailles, così come saluta la lotta internazionale del proletariato contro il capitale[33].

Il marxismo rivoluzionario saluta i movimenti rivoluzionari nazionali dei popoli coloniali e semi-coloniali come precursori della rivoluzione mondiale proletaria.

Il nazionalismo rivoluzionario resiste all'uso della questione razziale [*Rassenfrage*] per la creazione di una razza padrona nata per governare; rifiuta il dogmatismo razziale come criterio per la politica estera; e nella costruzione del socialismo richiede come prova del valore della razza non il diritto ma il risultato.

---

33 **La differenza fondamentale qui è stata notata nelle controcritiche marxiste già nel 1920**: "*L'essenza interiore del cosiddetto nazional-bolscevismo è caratterizzata in modo abbastanza appropriato dal fatto che essa emana "dal concetto fondamentale della nazione". La nazione è la prima cosa per essa; la posizione del comunismo è chiara. Il comunismo dovrebbe essere subordinato alla nazione, come mezzo per salvarla. L'internazionalismo stesso dovrebbe essere costruito sui popoli liberi, l'internazionalismo dovrebbe essere la somma degli interessi nazionali*". Il che viene rifiutato! Da "*Contro il nazional-bolscevismo*" ["*Gegen den Nationalbolschewismus*"], 1920, Karl Radek & August Thalheimer, pubblicato dal KPD (spartachista). Thalheimer: "*Comunismo, Nazione e guerra*" ["*Kommunismus, Nation und Krieg*"] (pubblicato per la prima volta in "*Rote Fahne*", maggio 1920); Radek: "*La politica estera del comunismo tedesco e il nazional-bolscevismo di Amburgo*" ["*Die auswärtige Politik des deutschen Kommunismus und der Hamburger nationale Bolschewismus*"] (pubblicato per la prima volta in "*Die Internationale*", I., 17/18, 20/12/19).

Il marxismo rivoluzionario vede nella razza una categoria economica che riceve il suo vero significato in una società senza classi, e rifiuta il suo utilizzo nella costruzione di slogan politici.

Il nazionalismo rivoluzionario vede nella struttura del Consiglio l'autogoverno del _Volk_ produttivo, la garanzia della responsabilità politica e del controllo economico della _Volksgemeinschaft_, presagito nelle prime forme di governo germanico.

Il marxismo rivoluzionario si sforza, attraverso la divisione della struttura del Consiglio in poteri esecutivi e legislativi, di muoversi verso l'eventuale inutilità dello Stato[34].

Già in questi pochi confronti, e mettendo da parte descrizioni più dettagliate dei loro singoli punti (il numero e la portata di tali esempi possono essere integrati secondo necessità), ne consegue che gli obiettivi mondiali del nazionalismo e del marxismo sono completamente diversi. Nondimeno ne consegue anche, tuttavia, che le necessità della politica odierna producono una serie di richieste e intuizioni dal marxismo e dal nazionalismo che coincidono (lotta di classe, rivoluzione, socialismo, Consigli, politica estera, antifascismo - sebbene le motivazioni siano in larga parte diverse).

Il giovane nazionalismo, tuttavia, ha una missione per il domani che si estende oltre questo fronte odierno. È unità di fede e di sangue con i principi politici di formazione.

In base a questa intuizione, i piccoli quadri del nazionalismo "nazional-bolscevico" si sono formati oggi accanto e non all'interno del KPD. Tuttavia affermano la loro affiliazione ad

---

34 Lassalle, tuttavia, nonostante la sua spesso sottolineata affermazione del marxismo, su questo tema ha aderito a una posizione differente: _"È lo Stato la cui funzione è quella di portare avanti lo sviluppo della razza umana fino al raggiungimento della sua libertà. Lo Stato è questa unità degli individui in un tutto morale, un'unità che accresce di un milione di volte la forza di tutti gli individui incorporati in questa unione"_ (_"Programma operaio"_ [_"Arbeiterprogramm"_], 1862). L'analisi secondo la quale lo Stato stesso appassisce quando si impadronisce dei mezzi di produzione è delineata da Engels in _"L'evoluzione del socialismo dall'utopia alla scienza"_, da Lenin in _"Stato e Rivoluzione"_.

esso, perché nonostante i diversi obiettivi, il Partito Comunista in Germania oggi è l'unico fattore di massa[35]:

Contro il sistema di Versailles - Contro la Controriforma romana - Contro la spinta a intervenire ai danni della Russia - Contro l'inganno fascista del popolo - Per la rivoluzione socialista - Per la Grande Germania!

NOTE DEL TRADUTTORE

* Un altro riferimento alla filosofia politica di **Carl Schmitt**, in questo caso alla sua opera *"Il concetto di 'politico'"*.

† **Il "circolo di Aufbruch"** si riferisce al circolo di scrittori, intellettuali e rivoluzionari che contribuiva all'"*Aufbruch*" ("*Partenza*"), una pubblicazione che aveva nell'ex nazionalista **Richard Scheringer** la sua figura di spicco. Scheringer, un ex ufficiale subalterno della Reichswehr tedesca, era stato incarcerato insieme a due amici per aver diffuso propaganda nazional-rivoluzionaria tra i loro commilitoni. In prigione Scheringer fu convertito al comunismo e in seguito divenne uno strumento di propaganda volenteroso con il quale il KPD tentò di conquistare i convertiti del NSDAP e di altri gruppi nazionalisti. **Molti di questi convertiti (incluso Josef 'Beppo' Römer, un leader dei Freikorps) furono in parte portati al marxismo** dal *"Programma per la liberazione nazionale e sociale del popolo tedesco"*, il programma del 1930 del KPD che adottò deliberatamente idee e terminologia nazionaliste per competere con il NSDAP.

---

[35] **Tanto più che il 'circolo di Aufbruch'**† – organizzato nello spirito del **tenente Scheringer** e sotto la direzione del vecchio **leader dei Freikorps Oberland, Beppo Römer** – sta lavorando per consolidare lo slogan emanato il 14 settembre 1930 per la "Liberazione nazionale e sociale del popolo tedesco", e si sta sforzando (purtroppo con ancora troppo scarso effetto) di superare lo schema internazionalista del luxemburghismo.

GUERRA E PACE: PACIFISMO E NAZIONE

La guerra e la pace non possono mai essere giudicate di per sé. La negazione o l'affermazione del loro valore e *status* viene decisa solo in relazione alle esigenze della vita *völkisch* [*völkischen Lebens*], alla volontà nazionale di autodeterminazione e alle decisioni personali uniche che influenzano il destino nazionale che domina la vita degli individui. Coloro che non sono disposti a vedere e affrontare ogni problema dal punto di vista della loro esperienza individuale saranno in grado di esprimere un tale giudizio solo quando la loro relazione con questo aspetto sarà chiara. **La guerra può essere approvata solo quando è definitivamente stabilito che è essenziale e inevitabile per il futuro, la libertà e la vitalità di un *Volk*, solo se il suo sperpero della sostanza del *Volk* [*Volkssubstanz*] è giustificato da un futuro più grande e più sicuro per la *Volksgemeinschaft* stessa.**

Ma un *Volk* che, come oggi in Germania, è solo un oggetto della politica di altri Stati, può conoscere solo un'alternativa: prima la libertà, poi la pace.

Una guerra per amore della libertà riceve sempre - e l'invenzione delle armi a gas non ha cambiato nulla dai tempi in cui la morte era portata da spada e lancia - la sua santificazione intrinseca. Ma mai il nazionalismo potrà di per sé inquadrare la lotta tra i popoli in questo modo; è onesto attribuire alla Nazione suprema [*Absolutum Nation*] la fonte di tutto ciò che compie. "*La guerra è la continuazione della politica con altri mezzi*" - questa citazione di **Clausewitz** dimostra che la questione dell'affermazione o del rifiuto della guerra non può essere posta in astratto, ma deve derivare dal significato, dalla legittimità della politica - di cui è la "continuazione". Solo questo comunica l'essenziale.

Il dottor Kurt Hiller*, ad esempio, mi accusa[36] di lasciare che la posizione "frivola" di **Ernst Jünger** (di cui ho citato qualcosa[37] (senza smentirlo) non abbia una differenziazione sufficientemente netta.

Ernst Jünger è e rimarrà un amato esempio degli audaci "nuovi nazionalisti". Ci ha donato, come autore di *"Il cuore avventuroso"*, un eterno breviario di fede nazionalista. Ma la sua motivazione per la guerra è "fuoco e sangue", rifiuta espressamente di procurarsi la giustificazione per la guerra da qualsiasi parte (nemmeno nella Nazione), ma invece trae la sua ragion d'essere dalle uniche, grandi, inebrianti opportunità di avventura che fornisce nell'adempimento delle leggi della terra; non lasciamo dubbi sul fatto che ciò debba essere rifiutato. Altrettanto poco possiamo accettare la richiesta politica troppo vaga di Jünger per lo Stato, che dovrebbe essere "sociale, difensivo e autoritario". La questione della guerra e della pace, di cui il rivoluzionario pacifista[38] non avverte "nessun accenno di suono lontano" nel nostro Paese, non può essere affatto posta in termini assoluti, e può essere risolta solo nel contesto di "per cosa?"[39].

In quanto nazional-rivoluzionari, concepiamo la Nazione come il "valore ultimo". La sua esistenza e sovranità è il criterio politico. Solo da questa posizione si può valutare tutto ciò che accade, anche la questione della guerra e della pace.

---

36 *"Linke Leute von Rechts"*, Die Weltbühne, n. 31, 1932.

37 In *"Das Geistige Gesicht der Nationalen Jugend"*.

38 Una sola risposta sarebbe possibile nei confronti di "pacifisti" come F.W. Förster, che si degna di scrivere (12 dicembre 1930): *"Il trattato di Versailles... non è affatto un atto di vendetta... non deve essere compromesso!"*, e (24 luglio 1923): *" Vorrei che qualcuno avesse marciato su Berlino... Oh, la politica francese è solo una mezza misura... Qualcuno deve porre fine a questo porcile!"*. Specificare quale potrebbe essere la risposta renderebbe qualcuno responsabile della minaccia di omicidio.

Carl Schmitt[40] ci ha insegnato una cosa:

"Finché esiste un popolo nella sfera politica, questo popolo deve, anche se solo nel caso più estremo - e se questo punto è stato raggiunto deve essere deciso da esso - determinare da solo la distinzione di amico e nemico. In ciò risiede l'essenza della sua esistenza politica".

Schmitt, autore di uno dei migliori libri sul "romanticismo politico", si basa sulla tesi di **Adam Müller**†: *"La pace eterna*

---

39 La stessa intuizione appare anche in *"Socialismo e barbarie (La crisi della socialdemocrazia)"* di **Rosa Luxemburg**, ed. 1919, p. 81: *"Sì, i socialdemocratici hanno il dovere di difendere il loro paese nell'evenienza di una grande crisi storica. E proprio in questo sta una grave colpa della frazione socialdemocratica al Reichstag, che nel mentre proclamava solennemente nella propria dichiarazione del 4 agosto 1914: "Non pianteremo in asso la patria nell'ora del pericolo", al tempo stesso non faceva che rinnegare queste sue parole. La frazione socialdemocratica ha piantato in asso la patria nell'ora del maggiore pericolo. Perché in quell'ora il primo dovere di fronte alla patria sarebbe stato: mostrarle l'autentico retroscena di questa guerra imperialistica; lacerare il tessuto di menzogne patriottiche e diplomatiche di cui era intessuta questa trama ai danni della patria; dire chiaro e tondo che in questa guerra al popolo tedesco sono ugualmente fatali vittoria e sconfitta; opporsi sino all'estremo all'imbavagliamento della patria attraverso lo stato d'assedio; proclamare la necessità di un immediato armamento del popolo e di una delega adesso del potere di pace e di guerra; esigere con tutte le energie che la rappresentanza popolare sedesse in permanenza per la durata della guerra, onde assicurare un vigile controllo del governo attraverso la rappresentanza popolare, e di quest'ultima mediante il popolo; pretendere la immediata abolizione di tutte le discriminazioni politiche, perché solo un popolo libero può difendere efficacemente il proprio paese; finalmente contrapporre, al programma di guerra imperialistico diretto al mantenimento dell'Austria e della Turchia, cioè della reazione in Europea e in Germania, il vecchio programma autenticamente nazionale dei patrioti e dei democratici del 1848, il programma di Marx, Engels e Lassalle: la parola d'ordine dell'unica grande repubblica tedesca. Questa la bandiera che si sarebbe dovuta proporre al paese, che sarebbe stata veramente nazionale, veramente libertaria e in accordo con le migliori tradizioni della Germania come con la politica internazionale di classe del proletariato".* Riguardo ciò lo storico socialista Rosenfeld afferma: *"Questo programma di come "un popolo libero può difendere efficacemente il proprio Paese" è, come sottolinea giustamente Rosa Luxemburg, in totale armonia con Friedrich Engels. È stato, tuttavia, respinto da un radicalismo utopico nell'agitazione quotidiana della Lega spartachista".* (Rosa Luxemburg scrisse questo pamphlet nella prigione di Berlino nell'aprile 1915. La sua recensione da parte di Lenin può essere reperita in *"Contro la tempesta"*, Lenin-Zinoviev, 1921, p. 415.)

40 *'Il concetto del 'politico'"*, pubblicato da Dunkler & Homblot, Munich.

non può essere l'ideale della politica. La pace e la guerra dovrebbero completarsi a vicenda come il movimento e il riposo. Le relazioni reciproche tra gli Stati sono i prerequisiti per la crescita e la prosperità".

Ciò significa semplicemente che la sovranità della Nazione socialista è l'unico parametro in base al quale le azioni di uno Stato socialista rivoluzionario possono essere valutate rispetto a un altro. Il professore Heller‡, membro dei Giovani socialisti, ad esempio lo ammette quando afferma che l'"autodeterminazione nazionale del popolo tedesco" è l'obiettivo immutabile delle nostre "decisioni di politica estera contemporanea"[41]. **Il rispetto implicito tra le nazioni socialiste non esclude né la necessità né la possibilità di confronto militare. Scegliere di rapportarsi agli altri come amico o nemico connota che, come correttamente deduce Carl Schmitt:**

"La guerra è solo la conseguenza più estrema dell'inimicizia. Non deve essere comune, normale, qualcosa di ideale o desiderabile. Ma deve comunque rimanere una possibilità reale finché il concetto di nemico ha significato".

E così questa nozione di Nemico non potrà svanire nemmeno in un'aggregazione socialista di popoli liberi, fino a quando sarà necessaria la sovranità statale, e finché la sua salvaguardia attraverso lo spazio vitale e le sue stesse leggi di vita [*durch Lebensraum und eigene Lebensgesetze*] debba sempre essere garantita di nuovo.

Anche tra quelli di noi al di fuori da questa aggregazione nessuno vede nella guerra solo una sveglia, un mezzo per risvegliare impulsi creativi. Non opportunità personali di avventura, ma la legge della vita della collettività determina la decisione. **Il nazionalismo rivoluzionario pensa politicamente, non ideologicamente. Quindi è per questo che non crede, fintanto che il concetto di politico diventa una realtà dalla sovranità dello Stato, che la decisione di un popolo di essere amico - o nemico - di un altro possa essere cancellata.**

---

41 "*Socialismo e Nazione*", Rowohlt Publishing House.

Ciò significa anche, in ultima analisi, affermare l'esistenza della guerra come *ultima ratio*: non come "valore in sé e per sé", ma come ultima risorsa per la salvaguardia della sovranità statale.

La prova del fuoco sarà la - oggi superata - questione dello spazio [*Raumfrage*]. **Lo Stato socialista, che a differenza del capitalismo non limiterà artificialmente il potere biologico di un *Volk* (aborto)**, un giorno si troverà ad affrontare un surplus di umanità: "popolo senza spazio" **. Cosa accadrà poi?
La risposta marxista che, come conseguenza di un accordo amichevole, il surplus di popolazione potrebbe essere distribuito in altre parti meno popolate della Terra - forse la Siberia - **contraddice completamente la concezione nazionalista dell'inseparabilità dell'organismo *völkisch*.**

Ecco allora che questa *ultima ratio* sarà dimostrata: o il *Volk* riceve liberamente il suo *Lebensraum*, o lo rivendica per sé.

Anche una Nazione socialista qui prenderà una decisione: amico o nemico.

Sopra ogni cosa sta il diritto di esistere del *Volk*.

Anche nel socialismo.

Perché tutto ciò che ci viene richiesto accade per amore del significato eterno della Germania, le cui manifestazioni cambiano, ma il cui nucleo è immutabile; **lo stato dei tedeschi, in quanto successione generazionale del popolo tedesco** (uno dei veri principi fondamentali di Adam Müller), **è uno stato del destino**††.

NOTE DEL TRADUTTORE

*** Il dottor Kurt Hiller fu un socialista, scrittore e attivista per la pace ebreo-tedesco,** assiduo collaboratore di giornali e pubblicazioni di sinistra. **Hiller era anche apertamente omosessuale,** attivo nel movimento per i diritti degli omosessuali nell'era di Weimar. Dopo il 1933 trascorse del tempo in un campo di concentramento prima di fuggire a Praga e Londra, per poi tornare in Germania dopo la guerra.

† **Adam Heinrich Müller fu un teorico politico di origine prussiana che visse tra il 1779 e il 1829. Müller criticava il liberalismo e si ispirava alle strutture organizzative feudali.** Egli concepiva la "nazionalità reale" come la fonte della "vera libertà e indipendenza", e sviluppò ulteriormente una teoria economica ideale in cui la proprietà privata sarebbe stata tenuta in comune, con tutte le decisioni riguardanti la ricchezza, la produzione e il consumo prese in considerazione in base al loro impatto sullo Stato. È quindi generalmente considerato un precursore filosofico del Nazionalsocialismo e dei movimenti ad esso correlati.

‡ **Il "professore Heller" è Hermann Heller, un avvocato e docente di diritto costituzionale ebreo-tedesco.** Heller fu membro del '*Hofgeismarer-Kreis*', un circolo di socialdemocratici non ortodossi che cercavano di sviluppare una socialdemocrazia di orientamento nazionalista che fondasse il socialismo di sinistra sullo Stato e sulla Nazione piuttosto che sulla classe e sull'internazionalismo. Heller apparteneva anche ai Giovani socialisti ('*Jungsozialisten*' o '*Jusos*'), l'ala giovanile del Partito socialdemocratico.

** **"Popolo senza spazio" – in tedesco '*Volk ohne Raum*', titolo di un *bestseller* del 1926 dell'autore nazionalista Hans Grimm.** Il libro riguarda un giovane tedesco che, disilluso dalle condizioni della Germania, cerca il suo destino nell'insediamento coloniale in Africa. Il romanzo promosse il concetto di *Lebensraum* e il suo titolo divenne uno slogan popolare tra i gruppi *völkisch*, incluso il NSDAP, che affermavano che la Germania fosse sovrappopolata e i tedeschi fossero un "popolo senza spazio" le cui opportunità di insediare la loro popolazione in eccesso all'interno di colonie e territori annessi erano state sottratte loro con il trattato di Versailles.

†† **"Lo stato dei tedeschi... è uno stato del destino" – Forse un riferimento al termine tedesco** *"schicksalsgemeinschaft"*, **"comunità di destino"**. Sebbene non sia un termine esplicitamente nazionalista o *völkisch*, al momento della scrittura di Paetel "*schicksalsgemeinschaft*" era comunemente usato nel movimento nazional-rivoluzionario e dal NSDAP. Una "comunità di destino" denota un popolo strettamente legato, risvegliato alla consapevolezza della propria identità condivisa e del destino comune, di solito dal riconoscimento di qualche avversità o circostanza condivisa (ad esempio il trattato di Versailles). Paetel sta forse insinuando che lo Stato tedesco è un'estensione della stessa idea: persone, comunità, stato e destino eternamente intrecciati.

LIBERTÀ O FELICITÀ

Riguardo la questione se le decisioni debbano essere orientate dall'individuo o dal collettivo, un'altra delle domande del dottor Hiller troverà risposta. Hiller nel suo lavoro sul nazionalismo social-rivoluzionario cita la frase (che, per inciso, non proviene da Ernst Jünger, ma è un mio commento*):

"Siamo dalla parte del proletariato insurrezionale per il bene della Nazione, non per il bene di poche idee di felicità umanitaria". Poi chiede:

"Questi portatori di miseria, questi bruti schietti, questi mostri che non nascondono di essere mostri, la loro nazione ideale richiede che i suoi membri siano infelici?"

No, dottor Hiller, no! Tuttavia: nel discorso di Saint-Just† contro Danton, ad esempio, c'è un passaggio che mostra cosa intendiamo:

"L'amore per la Patria è una cosa grande e terribile. È senza pietà, senza paura, senza rispetto per l'individuo quando si tratta del bene pubblico. Questo amore ha portato Regolo a Cartagine e Marat al Pantheon".

Siamo socialisti. Sosteniamo la rivoluzione, la lotta di classe, la socializzazione dei mezzi di produzione, la nazionalizzazione della terra e del suolo, una struttura statale fondata sul principio dell'autogestione.

Perché? Perché vediamo in queste rivendicazioni - che rappresentano la posizione politica di un *Volk* schiavo e proletarizzato, una semi-colonia degli imperialisti stranieri -

l'unica via per realizzare l'integrazione dei proletari oppressi, diseredati, senza patria, che è necessario per il ripristino della sovranità della Nazione. Per il bene della Nazione, per il bene del suo popolo: socialisti! Ciò non significa il folle desiderio di vedere questi proletari infelici nel loro nuovo stato di cose. Ma in effetti, chiediamo all'individuo, come richiede Saint-Just, come si fa in Russia, un sacrificio di felicità e benessere per lo sviluppo della comunità, che, attraverso la sua libertà e potere, sarà nuovamente in grado di dare felicità e libertà ai suoi membri.

Vogliamo fare a pezzi il liberalismo economico, in modo da emancipare l'economia per la totalità: la Nazione. Mentre la Nazione socialista emancipa i suoi membri, il percorso verso i beni culturali, i diritti politici e la partecipazione dei lavoratori all'economia - nel contesto del "noi" - è concepito come a favore piuttosto che contro l'individuo. Solo noi facciamo eco a Saint-Just: quando la chiamata tuona che "la Patria è in pericolo", allora questi "diritti" vengono restituiti alla Nazione, ognuno se ne spoglia per Lei.

NOTE DEL TRADUTTORE

*** Paetel qua è gentilmente beffardo verso Hiller**. Nel capitolo precedente Paetel ha menzionato come Hiller lo abbia accusato di non differenziare a sufficienza le proprie idee da quelle di Jünger quando cita lo scrittore nazionalista, così ora rende la distinzione un po' ironica quanto più ovvia possibile.

† Louis Antoine Léon de Saint-Just era un giacobino, uno dei principali alleati di Robespierre durante gli eventi della Rivoluzione francese e una figura importante dietro il regime del Terrore. Saint-Just era nettamente radicale, essendo dell'opinione che il diritto alla proprietà e il desiderio dell'individuo di vivere una vita agiata fossero entrambi sostituiti dai bisogni della Nazione (*"la patrie"*). **Il discorso che Paetel cita da qui fu tenuto da Saint-Just nel marzo 1794 alla Convenzione nazionale francese**, con l'intenzione di convincere il governo della necessità di arrestare e giustiziare il compagno rivoluzionario Georges Danton.

LA NAZIONE COME VALORE PIÙ ALTO

In un passaggio dell'articolo di Hiller discusso in precedenza (rimaniamo su questo argomento perché sintomatico della disputa con la "sinistra" in generale), si dice dei nazional-rivoluzionari che *"arrivano a noi dal nazionalismo come qualcosa che deve essere superato"*; altrove, con approvazione, dice che: *"essi non rinunciano a un briciolo del "nucleo dorato" dei loro sentimenti nazionali (qualcosa di estraneo a coloro che hanno un animo paralizzato)"*. Queste due citazioni sembrano contraddittorie, ma in realtà sono abbastanza correlate. Hiller, come **Marx**, rispetta la nazione come essa esiste oggi, ed è anche disposto a concedere la continuazione dell'esistenza del suo "nucleo dorato", cioè i suoi aspetti culturali, la lingua, i costumi, il senso della patria; tuttavia, esattamente come **Lenin** ha spiegato in modo assai chiaro nei suoi saggi sulla "questione nazionale", parallelamente allo svanire dello Stato, ci deve essere una fusione delle nazioni in una più alta unità.

C'è anche il punto di vista di **Jaurès***, che non esaurisce il significato politico: *"La Nazione è quel tesoro del genio umano e del progresso, e sarebbe malvagio se il proletariato frantumasse quei preziosi recipienti della cultura umana"*.

Il concetto di sovranità è a lui estraneo, come è estraneo a Lenin e Stalin, in un'analisi altrimenti superba della natura della Nazione[42].

---

42 In contrasto con la dottrina medievale delle 'due spade' di Dio (Chiesa e Impero), che assegna la suprema autorità alla Chiesa, la dottrina della sovranità implica che lo Stato ha diritto ad esercitare un'autorità indipendente sui suoi territori e sulla sua politica (derivante da Jean Bodin, 1530-1596).

Ma sappiamo che c'è un significato innato radicato nella collettività popolare; che qui, come la formula di **Ernst Jünger**, è il **"magico punto zero"**† da cui la politica e l'economia, la vita e la forma traggono il loro ordine. Sappiamo che il "valore centrale" della Nazione, in quanto espressione fatale di questa comunità *völkisch*, risiede effettivamente in tutte le forme materiali di manifestazione, e che anche la costruzione della Nazione stessa è una faccenda assai concreta.

Ma sappiamo anche che questo "valore ultimo" ha un'esistenza in sé che non vale la pena affermare oggi, che è reazionaria e un domani dovrà essere superata[43].

È al di là delle determinazioni di spazio e tempo il momento esatto in cui sono emerse componenti razziali, geopolitiche[44], economiche e di altro tipo del Volk, ma a un certo punto qualcosa è "accaduto" all'interno di un gruppo di persone ed esse sono divenute il fenomeno storico che è il *Volk* tedesco (in Germania probabilmente come risultato di incroci specifici tra le sei tribù: Franconia, Svevia, Bavaria, Turingia, Sassonia, Frisia)[45].

Spengler ha giustamente affermato che i popoli [*Völker*] nascono - cioè possono apparire e morire in termini storici, ma non subire una "evoluzione" e diventare improvvisamente qualcos'altro un domani, come una "razza umana". L'espressione di **Lagarde**‡ "*ogni Volk è un pensiero di Dio*" rende chiaro che questa fede nella fatidica base dell'esistenza *völkisch* [*völkischen Dasein*] è fuori discussione a livello puramente razionale.

---

43 "La nostra Patria non si trova semplicemente in quel luogo in cui le cose prosperano per noi. La nostra Patria è molto di più con noi, in noi. La Germania vive in noi: noi lo mostriamo, che ci piaccia o no… Noi ci basiamo su di essa fin dall'inizio e non possiamo liberarcene!" (**Leopold von Ranke**, "*Politisches Gespräch*")

44 Il fatto che la **geopolitica** come "la dottrina dello spazio [*Raum*] che modella la storia intorno al *Volk* ammetta di spiegare solamente un quarto circa della storia, viene affermato esplicitamente da **Haushofer** nella sua opera "*Geopolitik*".

45 Lo storico Johannes Haller, per esempio, afferma correttamente nella sua opera "*Epochen der deutschen Geschichte*" che "*il Volk tedesco non è naturale, ma un'unità derivante da un processo storico*".

È quindi un malinteso da parte dei marxisti quando spesso ritengono che la nostra "radicalizzazione'" politica sia il segno di uno spostamento verso la loro posizione, e che un giorno dovremo anche superare la nostra odierna "infantilità metafisica alquanto problematica" e quindi la nostra "idolatria" della Nazione.

Questo credo è la base del nostro essere. Fine della discussione[46].

Tutto ciò che richiediamo politicamente - tutti i nostri sforzi a livello di politica pratica per dominare la realtà con le sue stesse leggi, che sono dovuti al (non malgrado il!) nostro ragionamento metafisico - sono una conseguenza della nostra posizione di fede nelle leggi della "germanicità eterna" [*ewiger Deutschheit*]. Perché e solo perché sappiamo che questi valori reali sono inalienabili, in quanto nazionalisti (e non nonostante ciò!) siamo capaci di disimpegnarci dalle basi economiche e politiche della nostra appartenenza sociale.

Fede e volontà non sono opposti, ma costituiscono una polarità. Solo dove il controsenso viene affermato come religione a livello politico, l'irrazionalità diventa assurdità; solo dove dietro la metafisica si nasconde il tiepido coinvolgimento nelle questioni quotidiane si giunge a Hanussen e Weissenberg§, invece che al proletariato e alla lotta di classe. Il "valore ultimo della Nazione" ci sembra certamente più adatto a quest'ultima cosa che alla precedente.

Confronti oggettivi ma di per sé comprovati dimostrano che: oggi i gruppi di sinistra rivoluzionaria del proletariato con coscienza di classe, compresi i marxisti ma anche i non marxisti liberali come Hiller, stanno seguendo lo stesso percorso del

---

46 Tuttavia, questo non deve mai servire da pretesto al nazionalismo per evitare questioni politiche concrete. **Georg Quabbe**, l'autore dell'unico libro monarchico-conservatore realmente autorevole in Germania accanto alle opere di **Hans Blüher****, una volta disse giustamente (in *"Das letzte Reich: Wesen und Wandel der Utopie"*, Felix Meiner, Leipzig): *"Sentirsi tedeschi è una cosa molto buona, ma se vuoi insegnare quel sentimento a sessanta milioni di persone, non lo fai guardandoli profondamente negli occhi, ma esprimendoti chiaramente - e se lo spirito politico della nostra Nazione sta per apparire, non verrà evocato toccando il tavolo"*. Eludere le richieste politiche con riferimenti al "bipolarismo" non è altro che toccare il tavolo††.

movimento rivoluzionario nazionale nel fronte capitalista e antifascista.

È negli obiettivi futuri che le opinioni si dividono. L'obiettivo di una "unità superiore" dell'umanità in cui l'idea di Stato e il concetto di sovranità vengono messi in discussione da un lato si contrappone al concetto di comunità nazionali e indipendenti di liberi popoli socialisti dall'altro. **Un concetto in cui la Nazione socialista è considerata una forma di vita sovrana, incapace di negare i princìpi politici di base (il principio amico-nemico) che, di conseguenza, fa apparire del tutto implausibile la finzione della "pace eterna". Un concetto in cui nello Stato socialista le aspettative di felicità di un individuo sono condizionate dalle richieste nazionali e statali. In cui la natura universale e auto-consumatrice della costruzione della Nazione tedesca verrà domata dalla polarità dei principi prussiani della vita militante dello Stato (essere prussiani è una questione di volontà, non di certificati di nascita). In cui il nazionalismo della cellula del *Volk*, della famiglia, della base dello Stato, fornisce il *Bund* degli uomini che fanno la storia.**

Non possiamo accettare ciò che Engels scrisse a Bebel‡‡ nella "lettera programmatica" del 1875: "*Ora, non essendo lo Stato altre che un'istituzione temporanea di cui ci si deve servire nella lotta, nella rivoluzione, per tener soggiogati con la forza i propri nemici, parlare di uno "stato popolare libero" è pura assurdità; finché il proletariato ha ancora bisogno dello Stato, ne ha bisogno non nell'interesse della libertà, ma nell'interesse dell'assoggettamento dei suoi avversari, e quando diventa possibile parlare di libertà, allora lo stato come tale cessa di esistere!*".

NOTE DEL TRADUTTORE

*** Auguste Marie Joseph Jean Léon Jaurès fu il primo leader del Partito socialista francese** e una delle principali figure nella storia della socialdemocrazia francese. Fu assassinato 1914 a causa delle sue politiche contrarie alla guerra.

† **Un riferimento al libro di Ernst Jünger** *'Il cuore avventuroso''*, menzionato da Paetel nel capitolo precedente. **Per Jünger il "magico punto zero" [**"*Magische Nullpunkt*"] **era il caos assoluto**, quel punto di accresciuto disordine e collasso socio-politico da cui emergerebbe un nuovo ordine di avventura e grandezza umana.

‡ **Paul Anton de Lagarde** fu un teologo e orientalista tedesco vissuto nel XIX secolo. Lagarde aveva un forte orientamento *völkisch*, e i suoi scritti si incentravano principalmente su argomenti relativi alla Nazione, alla fede e all'antisemitismo. In particolare sosteneva l'idea di una Grande Germania razzialmente omogenea, unita sotto un cristianesimo germanico "purificato" e privato di tutti gli elementi ebraici. Gli scritti di Lagarde furono abbastanza popolari nei territori di lingua tedesca dalla sua morte avvenuta nel 1891 fino alla fine della seconda guerra mondiale - come Adam Müller, si ritiene generalmente che egli abbia fornito alcune delle basi filosofiche su cui in seguito fu costruita la teoria nazionalsocialista.

§ **Erik Jan Hanussen** fu un truffatore ebreo-tedesco che fece carriera presentandosi al pubblico come un chiaroveggente e occultista danese. Egli aveva alcuni apparenti legami con figure di spicco del NSDAP, sebbene il suo esatto rapporto con il Nazionalsocialismo (e con Hitler in particolare) tenda a venire sensazionalizzato dalle moderne dicerie popolari. Hanussen fu assassinato nel 1933; le SA sono generalmente ritenute responsabili della sua morte.

Joseph Weissenberg fu un riformatore religioso e guaritore spirituale tedesco che affermava di avere visioni di angeli e di Cristo, e che si costruì un seguito attraverso guarigioni per fede e dimostrazioni di altri atti miracolosi. Sulla base delle sue idee, fondò la sua chiesa evangelica e un insediamento religioso nel Brandeburgo, la "Città della pace". Weissenberg e la sua religione furono materiale di interesse per i giornali scandalistici durante l'epoca di Weimar e quella nazionalsocialista, ed egli subì persecuzioni da parte dallo Stato hitleriano: la sua chiesa fu bandita e lo stesso Weissenberg fu brevemente incarcerato. Weissenberg morì di cause naturali nel 1941, ma la sua *Johannische Kirche* fu rifondata dopo la guerra e ad oggi è ancora attiva in Germania.

** **Georg Quabbe**, avvocato e scrittore, **fu uno dei filosofi più moderati della Rivoluzione conservatrice**. Membro del partito nazional-borghese DNVP, Quabbe rappresentava un orientamento più "liberale" del pensiero nazional-rivoluzionario rispetto ad altri nel movimento, rifiutando sia il razzismo che tutti gli aspetti del pensiero *völkisch*, pur mantenendo un profondo impegno spirituale nei confronti dei principi del conservatorismo e dell'elitarismo anti-materialista. Il suo libro "*Tar a Ri*" (si diceva che "Tar a Ri" fosse un'antica espressione irlandese con il significato di "Vieni, o sovrano!" – presumibilmente la fonte del termine inglese "*tory*") fu una delle opere più celebri della letteratura conservatrice-rivoluzionaria dell'epoca, che mostrava sia intuizioni filosofiche sia un ironico senso dell'umorismo.

Anche Hans Blüher fu uno scrittore e filosofo di spicco della Rivoluzione conservatrice, e sebbene la sua attenzione fosse in gran parte incentrata sulla sessualità, la moralità e il movimento *Wandervogel.*, egli era un convinto monarchico, un uomo che preferiva l'elitarismo e l'aristocrazia ai principi democratici, e come Quabbe fu un pensatore di orientamento conservatore che, nonostante le sue influenze sul Nazionalsocialismo, arrivò ad avere un profondo disgusto per il NSDAP. Ateo nichilista nei primi anni di vita, Blüher in seguito si avvicinò alla Chiesa evangelica.

†† **'Toccare il tavolo' – '*Tischrückens*' in tedesco.** Una forma di seduta spiritica in cui i partecipanti si riunivano intorno a un tavolo con le mani appoggiate su di esso. Quando il tavolo iniziava a inclinarsi in una direzione o nell'altra sotto la presunta guida di una presenza spiritica, i partecipanti avrebbero potuto leggere dai suoi movimenti un messaggio proveniente dal mondo degli spiriti.

‡‡ La 'lettera programmatica' si riferisce a una missiva che Engels inviò ad August Bebel (un importante socialista tedesco del periodo) nel marzo 1875. La lettera potrebbe essere vista come un'anticipazione della *"Critica del programma di Gotha"* di Marx, che venne pubblicata due mesi dopo - entrambe si occupano in gran parte dello stesso argomento, vale a dire la critica del programma partitico proposto dal nascente Partito socialdemocratico tedesco. **La parte della lettera citata da Paetel tratta specificamente degli ideali di Ferdinand Lassalle**. Lassalle, socialista ebreo-tedesco e figura assai influente all'interno del movimento socialdemocratico, è generalmente considerato uno dei padri del concetto di "socialismo di Stato". **A differenza di Marx, che vedeva lo Stato come una struttura che esisteva con l'unico scopo di preservare la stratificazione di classe, Lassalle credeva che lo Stato fosse essenzialmente "neutrale" e potesse servire come potente strumento di riforma sociale se posto nelle mani giuste - cioè quelle dei lavoratori.**

MARXISMO E QUESTIONE NAZIONALE

Che **Lenin**, in ogni caso, abbia visto questo come un obiettivo futuro è indiscutibile. Lo ha espresso in modo chiaro e inequivocabile: "*È con orgoglio che possiamo dire: al Primo Congresso eravamo infatti solo propagandisti; stavamo solo proclamando le nostre idee fondamentali tra il proletariato mondiale; abbiamo solo lanciato l'appello a combattere; ci stavamo semplicemente chiedendo dove fossero le persone capaci di intraprendere questa strada. Ora il proletariato avanzato è ovunque. Ovunque c'è, anche se spesso mal organizzato, un esercito proletario, e se i nostri compagni internazionali ora ci aiuteranno a organizzare un esercito unito, nulla ci impedirà di portare a termine il nostro compito.*

Tale compito è la rivoluzione proletaria mondiale, la creazione di una repubblica sovietica mondiale"[47].

Anche **Trotsky**, nel suo opuscolo "*Contro il comunismo nazionale*", propone chiaramente lo slogan degli "Stati Uniti sovietici d'Europa".

O, come afferma **Lenin**: "***Il movimento socialista non può trionfare nel vecchio quadro nazionale.** Crea nuove, più alte forme di convivenza umana, in cui i bisogni legittimi e le aspirazioni progressive delle masse lavoratrici di ogni nazionalità saranno, per la prima volta, soddisfatte attraverso l'unità internazionale, a condizione che le partizioni nazionali esistenti siano eliminate*"[48].

---

47 "*La situazione internazionale e il compito dell'Internazionale comunista*", discorso della prima sessione del secondo Congresso dell'Internazionale comunista, Leningrado, 19 luglio 1920.

48 "*La posizione e i compiti dell'Internazionale socialista*", "*Sozialdemokrat*" n. 33, 1/11/14.

Lenin dice inoltre: "*Nell'era dell'imperialismo, non ci può essere altra salvezza per la maggior parte delle nazioni del mondo che attraverso le azioni rivoluzionarie intraprese dal proletariato delle grandi potenze, che si diffondono oltre i limiti della nazionalità, abbattono quei confini e rovesciano la borghesia internazionale. Se questo rovesciamento non si verifica, le grandi potenze continueranno ad esistere, cioè rimarrà l'oppressione dei nove decimi di tutte le nazioni del mondo. Ma se la caduta della borghesia si verificherà, accelererà enormemente la caduta di ogni singola divisione nazionale...*"[49].

Nelle sessioni del XVI Congresso (giugno/luglio 1930), **Stalin** si è espresso inequivocabilmente sulla questione del futuro delle lingue nazionali:

"*Ma per quanto riguarda le prospettive future delle culture e delle lingue nazionali, sono sempre stato e rimarrò sempre dell'opinione leninista che, al tempo della vittoria del socialismo sull'intero globo dove il socialismo si infonderà e rafforzerà lo stile di vita, le lingue nazionali dovranno fondersi in una lingua comune; anche se questa lingua non sarà né il russo né il tedesco, ma qualcosa di nuovo*".

Al contrario, una linea di idealismo dialettico può essere tracciata da **Fichte** attraverso **Hegel** fino a **von Ranke***:

"*La relazione dell'individuo con lo Spirito del popolo [Volksgeist] è che egli si appropria di questa esistenza sostanziale, tanto che questa diventa la sua natura e abilità, grazie alla quale può essere qualcosa. Perché trova l'essere del suo stesso* Volk *come un mondo ampio, definito e solido dinanzi a lui, con il quale deve incorporarsi*" (dalle "*Lezioni*" di Hegel).

O come ha formulato sempre **Hegel** nella sua opera *"Lineamenti di filosofia del diritto"*:

---

49 "*Il principale lavoro opportunista tedesco sulla guerra*" (Eduard David, "*Die Sozialdemokratie im Weltkrieg*", scritto nel maggio-giugno 1915, pubblicato per la prima volta nella "*Pravda*" n. 469 del 27/7/1924.

"La marcia di Dio nel mondo, ecco cos'è lo Stato; la sua ragione è il potere, attualizzato come volontà. Nel considerare l'Idea di Stato non dobbiamo avere gli occhi su Stati particolari, né su istituzioni particolari; invece si deve considerare l'Idea, questo Dio effettivo, di per sé".

E **Leopold von Ranke** (*"Dialoghi politici"*) afferma che:

"Tutti gli Stati del mondo che contano qualcosa sono soffusi delle loro tendenze particolari. Sarebbe ridicolo interpretarli come poco più che agenzie di protezione per individui che si sono uniti per tutelare la loro proprietà privata, per esempio. Al contrario, quelle tendenze sono di natura spirituale, e il carattere di tutti i loro concittadini è in tal modo determinato, impresso in modo indelebile su di loro".

Moeller van den Bruck fa riferimento a questa dichiarazione nel suo *"Das ewige Reich"*: ***"Ogni Volk incarna un pensiero particolare che gli appartiene, proprio come esso stesso è un tutto indivisibile che appartiene a se stesso. Esso è nato con questo pensiero. Con questo pensiero esso si stacca dal seno della razza e della terra lanciandosi nello spazio storico"***.

Ma Lenin afferma abbastanza chiaramente il contrario nei suoi articoli su *"La questione nazionale"*: *"Il marxismo è inconciliabile con il nazionalismo, sia esso anche il tipo di nazionalismo più giusto, puro e civile. Il marxismo sostituisce l'internazionalismo a tutte le forme di nazionalismo, la fusione delle nazioni in un'unità superiore, un'unità che cresce sotto i nostri occhi con ogni miglio di linea ferroviaria costruita, ogni trust internazionale e ogni associazione di lavoratori istituita (un'associazione che è internazionale nelle sue attività economiche così come nelle sue idee e aspirazioni).*

"Il proletariato non può sostenere alcun consolidamento del nazionalismo; al contrario, deve appoggiare tutto ciò che accelera l'abolizione delle differenze nazionali e la rimozione delle barriere nazionali, ogni cosa che renda sempre più stretti i

legami tra le nazionalità, tutto ciò che porti all'unione delle nazioni"[50].

Contro queste ipotesi, che come predizioni sono, ovviamente, basate sulla fede piuttosto che sulla conoscenza, ne poniamo un'altra:

Supponendo che sia corretta la tesi marxista secondo cui l'essere determina la coscienza (più probabilmente, ci può essere un'interazione tra i due[51]), siamo convinti che un nuovo essere socialista darà forma anche a una nuova coscienza, nella misura in cui quel senso di attaccamento ai valori di patria, suolo e *Volk* (assente nell'essenza capitalista) si rigenererà, e di per sé ripristinerà un rafforzamento del carattere nazionale - ma la spinta verso l'assimilazione, verso un deperimento, non sorgerà mai. **Al contrario, il risultato sarà invece una sempre crescente consapevolezza della particolarità nazionale,** un sempre maggiore coinvolgimento nella **tradizione storica** tedesca, una sempre crescente consapevolezza dei propri **principi formativi, cioè la volontà di vivere come una Nazione sovrana e socialista.**

Tuttavia, non è che un semplice dilettantismo quello di **Otto Strasser,** non molto migliorato dal suo *pathos* retrogrado, quando riduce sempre il dibattito con il marxismo nelle sue eccitabili "controversie" fino alla formula stabilita:

"Voi e noi vogliamo il socialismo! Ma il percorso è diverso. Voi lo volete su base internazionale, noi su base nazionale! Il primo è impossibile a causa della diversa maturità economica di ogni Paese e perché l'esperienza dimostra che l'Internazionale comunista non ha ottenuto nulla".

Se Strasser leggesse gli scritti marxisti, troverebbe quel sentimento molto meglio espresso in essi, come ad esempio nel "Programma del VI Congresso Mondiale dell'Internazionale Comunista" (46a Sessione, del 1 settembre 1928):

---

50 Si faccia il confronto con "*Nazional-bolscevismo*" di Grosse, in "*Nazione Socialista*" nn.1-2, vol. 1.

51 Come ammette, ad esempio, il giovane socialista "neo-marxista" Eduard Heimann† in "*Kapitalismus und Sozialismus*" (Protte, Potsdam).

"Lo sviluppo economico e politico ineguale è una legge assoluta del capitalismo. Esso viene esacerbato ancora più acutamente nell'epoca dell'imperialismo, quindi ne consegue che la rivoluzione proletaria internazionale non può essere concepita come un singolo evento che si verifica simultaneamente in tutto il mondo. All'inizio il socialismo può essere vittorioso in pochi, o anche in un solo Paese. Ma ogni vittoria proletaria di questo tipo amplia le basi della rivoluzione mondiale e di conseguenza intensifica ulteriormente la crisi generale del capitalismo. Il sistema capitalista in questo modo si avvicina al suo crollo finale. La dittatura del capitale finanziario si rompe".

La seconda delle affermazioni di Strasser non è dimostrata in tutti i casi, poiché la rivoluzione russa si basa ad esempio sula via "internazionale" qui negata. **Quindi non c'è nessuna divisione tra i fronti: non c'è niente di contraddittorio nel modo in cui il socialismo nazionalista‡ possa essere abbastanza internazionalista, lavorando insieme a tutte quelle altre forze che cercano di abbattere lo stesso avversario.**

L'obiettivo finale, tuttavia, si raggiunge con la separazione.

Che il marxismo rigetti la Nazione socialista è proclamato da Lenin: *"L'idea della separazione giuridica delle nazioni l'una dall'altra (la cosiddetta 'autonomia nazional-culturale' di Bauer e Renner§) è un'idea reazionaria"*[52].

Questo è lo stesso obiettivo - per cui la diversa natura dell'attuale pratica della politica nazionale russa non è affatto fraintesa - descritto da **Trotsky**:

"Il marxismo prende il suo punto di partenza dall'economia mondiale, non come una somma di parti nazionali ma come una realtà potente e indipendente creata dalla divisione internazionale del lavoro e dal mercato mondiale, e che nell'epoca attuale domina i mercati nazionali.

---

52 *'Socialismo e guerra"*, agosto 1915.

"Le forze produttive della società capitalista hanno superato da tempo i poteri nazionali. La guerra imperialista era un'espressione di questo fatto. Rispetto alla società capitalista, la società socialista deve rappresentare uno stadio superiore rispetto alla tecnica di produzione. Mirare a costruire una società socialista isolata a livello nazionale significa, nonostante tutti i successi temporanei, ritirare le forze della produzione anche rispetto al capitalismo.

"Tentare di realizzare - indipendentemente dalle condizioni geografiche, culturali e storiche dello sviluppo del Paese, che costituisce una parte dell'unità mondiale - una proporzionalità autonoma di tutti i rami dell'economia all'interno di un quadro nazionale,significa perseguire un'utopia reazionaria"[53].

Ma il comunismo nazionalista (prima di Marx, per inciso, un esponente della Rivoluzione francese aveva già avanzato rivendicazioni interamente comuniste per il bene della Nazione: Fouché in *"Instruction de Lyon"*) ** sa che con questo obiettivo una Fata Morgana †† è posta davanti al popolo tedesco, sa che ciò può solo significare: **comunismo? - Sì! - Ma come dovere dell'ordine tedesco, entro i confini della Nazione. Questo è ciò che ci chiama, non l'economia mondiale.**

NOTE DEL TRADUTTORE

* **Johann Gottlieb Fichte** (n. 1762, m. 1814) fu un filosofo di scuola idealista. Fichte, un nazionalista culturale tedesco, **fu uno dei primi sostenitori di un sistema economico chiuso, autarchico e autonomo, una sorta di corporativismo pianificato in cui la produzione e il commercio fossero controllati dallo Stato.** Le sue idee fornirono in seguito ispirazione ai nazionalsocialisti, così come quelle di **Leopold von Ranke** (n. 1795, m. 1886). Storico e uno dei fondatori della storiografia moderna, Ranke vedeva la storia come

---

53 *'La Rivoluzione permanente"*, Wilmersdorf 1930.

un'interazione tra Stati piuttosto che tra forze economiche, con uno spirito nazionalista trascendente che in gran parte guidava e determinava le azioni degli Stati e dei loro principali attori. **Georg Wilhelm Friedrich Hegel** (n. 1770, m. 1831) fu anch'egli un idealista tedesco, uno dei più conosciuti ed influenti filosofi nella storia.

† **Eduard Heimann fu un economista e sociologo ebreo-tedesco**, oltre che membro del '*Hofgeismarer-Kreis*', un circolo intellettuale socialdemocratico di orientamento nazionalistico. Le radici di Heimann risiedevano nel "*Die Deutsche Jugendbewegung*", e durante la Grande Guerra aveva pubblicato articoli a sostegno dei 'socialisti di guerra' ('*Kriegssozialisten*'), l'ala pro-guerra del partito socialdemocratico che vedeva nel primo conflitto mondiale un'opportunità rivoluzionaria per sviluppare il socialismo in Germania. Come membro del circolo di Hofgeismarer, Heimann – insolitamente per un ebreo – sosteneva la fusione del socialismo con gli ideali *völkisch*, sostenendo che "...*il socialismo è possibile solo come comunità di un Volk che si sente Volk, così come il Volk è impensabile in termini di classe, ma solo in termini di organizzazione socialista*". Egli fu anche sostenitore di una forma di socialismo di mercato e la sua conversione alla fede cristiana fornì in parte l'ispirazione per la sua passione per le riforme sociali. Heimann emigrò dalla Germania nel 1933 e non ritornò fino alla fine della seconda guerra mondiale. (Per la fonte della citazione vedere: Steven Vogt, "*Strange Encounters: Social Democracy and Radical Nationalism in Weimar Germany*", *Journal of Contemporary History*, Vol. 45(2), pp. 253-281)

‡ '**Socialismo nazionalista**' – In modo simile a quanto scritto nel capitolo "*L'errore del fascismo*", qua Paetel usa deliberatamente l'espressione 'socialismo nazionalista' ('*nationalistische Sozialismus*') anziché 'Nazionalsocialismo' ('*Nationalsozialismus*'), il nome dell'ideologia formale del NSDAP. **La sua scelta delle parole ha lo scopo di chiarire al lettore che il socialismo nazionalista che sostiene non è correlato a quello del partito di Hitler.**

§ **Otto Bauer e Karl Renner erano esponenti di spicco del Partito Socialdemocratico d'Austria (Sozialdemokratische Arbeiterpartei Österreichs, SDAPÖ)**, così come rappresentanti di differenti ali della tendenza "austromarxista" che dominava quel partito. La Repubblica austriaca dopo la prima guerra mondiale aveva ereditato parte della diaspora etnica del vecchio Impero austro-ungarico, rendendo la risoluzione della 'questione nazionale' un problema significativo per i socialdemocratici austriaci, che negli anni prebellici avevano sperimentato una serie di scissioni e tensioni all'interno del partito riguardo la questione delle relazioni etniche. **La teoria di Bauer era che i presunti effetti deleteri e oppressivi del capitalismo stavano risvegliando la coscienza nazionale dei gruppi etnici minoritari, ispirandoli a cercare l'autonomia nazionale per se stessi. Sia lui che Renner credevano che questo processo si sarebbe sviluppato in una federazione socialista sovranazionale lungo linee etno-linguistiche: Stati sovrani divisi per nazionalità, ma che lavoravano insieme per la causa dell'internazionalismo proletario.**

** **Joseph Fouché** fu un politico della Rivoluzione francese, noto per il suo fanatico sentimento anti-cristiano, il suo entusiasmo per le esecuzioni di massa, e il suo approccio rivoluzionario alla morale: "Tutto è permesso a chi lavora per la rivoluzione". Il suo pamphlet del 1793 *"Instruction de Lyon"* è un primissimo esempio di manifesto comunista, precedente a quelli prodotti da Karl Marx o Jorge Buechner. È un documento straordinariamente radicale, che chiede anche la consegna della proprietà personale ai "difensori della Nazione" rivoluzionari.

†† 'Fata Morgana' è un termine usato in più lingue, compreso il tedesco, **per denotare un complesso miraggio o illusione,** qualcosa che confonde o inganna l'occhio – in altre parole, qualcosa che sembra essere una cosa, mentre in realtà è un'altra. Il termine deriva dall'italiano e prende il suo nome dalla Fata Morgana, l'incantatrice del ciclo arturiano.

RIVOLUZIONE RURALE?

Il nuovo nazionalismo, nato nel cuore di coloro che non hanno più alcun legame con lo stile di vita borghese per la chiara consapevolezza che da esso non ci si può aspettare alcun dinamismo politico, inizia oggi a rivolgere il suo sguardo fiducioso nelle forze della rivoluzione verso il movimento *Landvolk** - poiché da lì, dove la forza e la sostanza del popolo tedesco sono ancora radicate, si costruirà il domani.

E comincia a svilupparsi un romanticismo che, nutrito dal mito delle bandiere nere † e alimentato dal leggendario nome di **Claus Heim‡**, si allontana sdegnosamente dalle masse metropolitane sradicate e si distacca con disprezzo dagli slogan materialistici del proletariato, credendo nella nuova rinascita della vita *völkisch* dal suolo e considerando di poter fare a meno di operai, città e asfalto.

Ma questa prospettiva trascura completamente il fatto che le forze trainanti dietro la volontà di resistere, specialmente nel caso dei contadini e di ogni tentativo di auto-aiuto del *Landvolk*, sono in realtà alla fine derivanti esclusivamente dalla situazione personale degli individui in questione.

Là dove la pace nasce dall'aia, se il contratto d'affitto viene riscosso per costrizione, l'agricoltore afferra la falce e caccia gli ufficiali giudiziari dal cortile. Là dove l'ebreo taglieggia l'individuo, si risveglia l'autoaffermazione *völkisch*.

È in gran parte la stessa miseria che unisce anche il proletario sotto le bandiere rivoluzionarie. Anche il suo desiderio che le cose siano diverse e migliori, non può essere separato dalla miseria che tormenta la sua mente. Ma c'è qualcosa di più che manca ancora oggi alla resistenza contadina, ovunque sia organizzata, ma che ha lasciato nel sangue dell'operaio cinquant'anni di movimento dei lavoratori: **il senso della missione. Quando l'"Internazionale" comincia a risuonare in mezzo alla marcia delle colonne metropolitane, allora il proletario [Prolet] sente dentro di sé l'ardente desiderio che un giorno possa cavarsela meglio, e l'ostinata certezza che lui stesso è portatore di una tendenza storica, un membro di una forza che plasma la storia. Il contadino, però, è - ancora oggi - rivoluzionario solo a causa del disagio, non per il senso della missione. La battaglia contro la rivoluzione, quindi, si farà nella metropoli.**

Ma certamente mai contro i contadini. Un 'anello bianco' del Paese, sotto le bandiere fasciste, significherebbe la fame per le città in mano ai rivoluzionari.

L'obiettivo quindi è di mobilitare i contadini come seconda ondata della rivoluzione - e anche, naturalmente, di interessarli economicamente.

NOTE DEL TRADUTTORE

* **Il 'Landvolkbewegung'** fu un movimento rivoluzionario liberamente organizzato tra i contadini dello Schleswig-Holstein, la provincia tedesca più settentrionale. Sotto la bandiera del movimento *Landvolk*, i contadini della regione – motivati da una condivisa ideologia nazionalista *völkisch*, anti-repubblicana e anticapitalista – si unirono nel mezzo delle difficoltà economiche della Germania tra le due guerre per combattere quello che percepivano come un apparato statale estraneo, incurante e indifferente. L'inflazione galoppante e l'apertura da parte del governo repubblicano dei confini tedeschi alle importazioni agricole straniere, oltre agli altri problemi percepiti, portarono alla fine degli anni '20 a un'esplosiva campagna di disobbedienza civile da parte del *Landvolk*. Ciò che era iniziato con un rifiuto coordinato da parte degli agricoltori di pagare le tasse si sviluppò presto in forme di protesta organizzata e turbolenta contro polizia e funzionari - e da lì infine si giunse al terrorismo, i cui atti più

noti furono una serie di attacchi esplosivi contro edifici governativi. Molti attivisti comunisti e nazionalisti si trasferirono nella provincia negli anni compresi tra il '28 e il '33 per aiutare il *Landvolk* nella sua resistenza rivoluzionaria contro il sistema di Weimar: sia l'"estrema sinistra" che l'"estrema destra" consideravano la lotta dei contadini come un'enorme opportunità per le loro rispettive cause, e di conseguenza lo Schleswig-Holstein divenne un focolaio di radicalismo.

† **Le bandiere nere furono molto popolari come simboli della resistenza tedesca durante il periodo di Weimar**. Inizialmente sventolate nelle occasioni in cui le forze di occupazione dell'Intesa o il governo repubblicano avevano bandito i colori imperiali, o come simbolo di protesta contro il trattato di Versailles, furono rapidamente adottate dalle brigate *Freikorps* e successivamente anche dai gruppi politici paramilitari (come il *Wehrwolfbund*), così come da gruppi giovanili nazionalisti più moderati. Anche il *Landvolk* utilizzava una bandiera nera, a cui Paetel fa riferimento, sebbene adornata con un aratro bianco e una spada rossa (completando così i vecchi colori imperiali). La bandiera nera potrebbe essere vista come l'equivalente nazionalista della bandiera rossa socialista, un simbolo di aspra resistenza contro la condizione in cui versava la Germania, come dimostrato da Moeller van den Bruck nel suo libro "*Il Terzo Reich*": "*Sulla Germania oggi sventola una sola bandiera, segno di lutto e simbolo della nostra vita: una sola bandiera che non tollera alcun colore vicino ad essa e deruba le persone che si muovono sotto le sue pieghe di tutto il loro entusiasmo per i pennoni allegri e gli stendardi sgargianti: solo la bandiera nera del bisogno, dell'umiliazione e di una totale amarezza... una bandiera di rivolta per i tedeschi decisi a respingere l'inganno nei denti dell'ingannatore, a salvare la loro Nazione e a preservare il loro Impero*".

‡ **Claus Heim il 'generale contadino' fu, insieme a Wilhelm Hamkens, uno dei capi del movimento *Landvolk*.** Altamente rispettato sia dai contadini che dai rivoluzionari politici, Heim alla fine dell'era di Weimar aveva raggiunto un'importanza quasi

leggendaria tra i radicali di ogni genere. Heim era associato a tattiche più rivoluzionarie e terroristiche rispetto al più moderato Hamkens, sebbene entrambi assecondassero il radicalismo, ed entrambi furono più volte incarcerati per il loro attivismo anti-statale e pro-contadino. Dopo il suo rilascio definitivo dal carcere nel 1932, Heim si dedicò nuovamente all'agricoltura e rifiutò qualsiasi coinvolgimento nel movimento nazionalsocialista, che egli disprezzava. Heim visse fino al 1968.

§ **L'‘anello bianco’ è un riferimento all'Armata bianca della guerra civile russa**. Il colore bianco era spesso impiegato dai comunisti come simbolo per indicare tendenze controrivoluzionarie, in contrasto con le intenzioni più "nobili" dei "rossi".

LA QUESTIONE CONTADINA IN GERMANIA

Il nazional-comunismo non può prendere in considerazione la predicazione di un "nazionalsocialismo riformato", ma non può nemmeno considerare di predicare un marxismo riformato. I suggerimenti che il nazionalismo offre sul tema della questione contadina riguardano solo la necessità di non distruggere la categoria eterna del contadino legato alla terra; essi non potranno mai minare la pianificazione economica socialista.

Ma il dottor **Rosikat**[54] ha ragione quando afferma*:

"Il contadino tedesco non pensa affatto di rinunciare volontariamente alla sua economia autosufficiente. Il suo ideale non è come quello del proletario: l'auto-abolizione come strato sociale. Al contrario, il suo ideale è: autonomia a qualsiasi prezzo! I vantaggi che il comunismo gli promette non esercitano alcun fascino sul suo desiderio di lavorare in modo indipendente sul proprio suolo.

"Ai comunisti piace fare riferimento alla Russia. Là i contadini seguirono il bolscevismo, quindi perché non potrebbero farlo anche in Germania prima o poi? Per rispondere a questa domanda, posso indicare le seguenti differenze:

"1. In Russia i contadini sono stati conquistati con enormi concessioni di terra. In Germania queste regalie non possono che risultare scadenti. (Confrontare il "Programma della Terza Internazionale", IV, 8, sez. 4).

---

54 *"Nazione Socialista"*, vol. II, nn. 8/9.

"2. In Russia i contadini non sapevano - a differenza dei tedeschi di oggi - che queste concessioni erano solo provvisorie.

"3. La Russia sotto il comunismo rimane, a differenza della Germania, autosufficiente dal punto di vista agricolo. La sua coltivazione in quanto tale non è in pericolo.

"Ma i contadini non sono comunque destinati a confluire in grandi imprese, dato che queste ultime sono tecnicamente superiori?

"Risposta: non in Germania. L'assoluta superiorità delle grandi aziende agricole può davvero essere dimostrata solo nelle aree estensive di produzione di grano e di allevamento di bestiame (ad esempio, America, Australia, Russia). Nelle vaste aree di bassa montagna della Germania non sono affatto efficaci. Nelle pianure tedesche a coltivazione intensiva sono presenti in aree di seminativi, anche se non in misura tale da non essere più che compensate dagli straordinari volontari che il contadino compie nell'interesse della propria autosufficienza ".

I contadini sono capaci di accettare un ordine sociale che compia l'eliminazione totale del dominio di classe capitalista senza dover necessariamente sacrificare se stessi. Può aiutare stabilire un socialismo in cui vengano socializzati i mezzi di produzione di tutti i capitalisti e dei grandi proprietari terrieri, oltre all'intero settore dei trasporti, la finanza, le banche e il commercio all'ingrosso; il commercio estero dovrebbe essere monopolizzato; e le cooperative volontarie sovvenzionate dallo Stato prospererebbero nel settore economico non capitalista. I contadini tedeschi sono inoltre sulla buona strada per superare la concezione liberale della proprietà e per comprendere il loro diritto di possesso della terra come mandato della Nazione; avrebbero inoltre la facoltà di esercitare tali diritti di possesso, orientandoli all'adempimento di compiti di ampia portata. In questo modo si verificherebbe uno sviluppo indipendente dei contadini, e una loro progressione verso un modo di pensare economico-comunitario che purtroppo, poiché mantiene la

forma dell'economia individuale, è frainteso dal marxismo come reazionario e feudale.

Un ordinamento che esibisca le caratteristiche sopra menzionate può giustamente, e senza le distorsioni purtroppo così comuni oggi, essere definito "socialista". Significherebbe non solo la rottura del dominio di classe capitalista e lo sradicamento delle contraddizioni tra classi oppressive e oppresse, ma anche il governo degli ideali del Piano e della Comunità - perché la Nazione lavoratrice terrebbe saldamente sotto il suo controllo ogni vertice dell'economia.

Così è la piccola fattoria contadina, mantenuta nel quadro dell'economia pianificata, vincolata in modo cooperativo, con i secondi e terzi figli del contadino, i braccianti agricoli e gli abitanti delle città alla ricerca di terra nelle tenute espropriate dei grandi proprietari terrieri (accanto alle fattorie statali, ma non collettive[55], necessarie in parte a causa delle proprietà del suolo della terra, come in Russia), **la forma di impresa agricola tedesca richiesta nel socialismo.**

NOTE DEL TRADUTTORE

* Il dottor **Erich Rosikat** fu, prima che **Walter Darré** si unisse al partito nel 1930, il maggior esperto delle questioni rurali all'interno del NSDAP, e il suo principale fautore della politica rurale nella propaganda. Rosikat ricopriva un ruolo relativamente di rilievo all'interno del partito, essendo il leader locale di Breslavia e il vice-*Gauleiter* di Slesia. Legato strettamente a

---

55 Ludwig Renn in *"Rußlandfahrten"* (pg. 92): *"L'economia collettiva nasce attraverso l'unione di terreni agricoli con la gestione congiunta, mentre l'economia sovietica è costruita come una "fabbrica di cereali" Quanto più perfetta è l'economia collettiva che è sorta dalle ex grandi proprietà, o sviluppatasi su un nuovo territorio fin dall'inizio, tanto più simile diventerà all'economia sovietica e alla fine scomparirà come tipo particolare".*

Otto Strasser, contribuì al periodico di quest'ultimo, il *"National-sozialistische Briefe"*, curando anche il *"Völkische Bauernschaft"*, il suo giornale indirizzato ai contadini. **Rosikat lasciò il NSDAP nel 1927, e nel 1928 iniziò a prendere pubblicamente le distanze dal partito, sostenendo che Hitler avesse tradito i suoi membri e lo stesse trasformando in un movimento fascista, piuttosto che socialista.**

† Durante l'era di Weimar si svolse un dibattito pubblico su cosa si dovesse fare con il **ceto degli aristocratici tedeschi deposti nel corso della rivoluzione del novembre 1918**. Nel 1926 un tentativo pratico di risolvere la questione fu avviato dal Partito Comunista, che promosse un referendum sull'espropriazione dei possedimenti da parte dello Stato senza indennizzo per i proprietari. I social-democratici e alcuni segmenti dei partiti borghesi offrirono cautamente il loro supporto, ma la risposta del NSDAP fu più incerta. **Il referendum causò alcuni conflitti interni al NSDAP, con i segmenti radicali del partito che peroravano il sostegno pubblico alla proposta comunista e altri (incluso Hitler) che sostenevano che avrebbero dovuto astenersi per non mettere a repentaglio il sostegno da parte della classe media.** Il referendum alla fine fallì; nonostante vi fosse un voto di maggioranza a favore dell'espropriazione, il risultato fu invalidato in quanto meno del 50% della popolazione vi aveva partecipato. Nonostante il fallimento del referendum, l'idea dell'esproprio rimase una caratteristica comune ai programmi politici comunisti, nazional-bolscevichi e di sinistra.

CONSIGLIO DI STATO O STATO CORPORATIVO?

La questione fondamentale riguardo l'economia del socialismo nazional-rivoluzionario può essere solo la seguente:

Tutto il potere nelle mani della Nazione. Insieme c'è la richiesta parallela e concreta di una struttura statale: **lo Stato è la Nazione sovrana, i suoi organi legislativi ed esecutivi sono i mandatari del** *Volk***.**

Il che significa di conseguenza: Consiglio di Stato.

Il principio di autogoverno espresso al suo interno non è in alcun modo razzialmente straniero ["*Volksfremd*"] o tipicamente russo, piuttosto è la vecchia democrazia germanica.

Anche il politico tedesco-nazionale **Martin Spahn*** ne ha parlato[56]:

"L'idea del Consiglio si sforza di riportare lo spirito e la vita attiva nella nostra esistenza völkisch [völkisches Dasein] ancora una   *volta...*

"È consapevolmente una costruzione dal basso. Coloro che vivono insieme e che lavorano insieme, che si conoscono tutti tra loro e hanno orizzonti comuni, dovrebbero porre le basi della sua amministrazione; e solo coloro che sono coinvolti nell'edificazione di queste fondamenta dovrebbero in seguito aiutare a costruire i pavimenti e infine a posizionare la chiave di volta.

---

56 *"Vom Konstitutionalismus zur Räteverfassung"*, "*Süddeutsche Monatshefte*", vol. 16, n. 5.

"Questo è ciò che intendeva il barone von Stein†. Attraverso ciò ha promesso il risultato positivo della partecipazione del Volk allo   Stato."

Le elezioni ai Consigli (assemblee di consiglio), da svolgersi in forma indiretta, andranno dal Consiglio locale fino al Congresso del Consiglio della Grande Germania [*Großdeutschen Rätekongreß*], sciogliendo i partiti e formando le agenzie amministrative autorizzate all'esecutivo - solo questo potrà fornire un vero riflesso della volontà dei popoli [*Volkswillens*], indipendentemente dalle distinzioni di interesse economico.

Tutti i lavoratori devono poter votare. Il fondamento sarà il distretto lavorativo, cioè le imprese [*Betriebe*], mentre per le classi medie "libere" (che in Germania costituiscono uno strato sociale più ampio) il quartiere residenziale. Il sistema di voto plurimo che prevale in Russia, a scapito dei contadini, è quindi irrealizzabile.

Le formazioni del Consiglio istituiranno comitati speciali (camere dei contadini, camere dei lavoratori) su base professionale. Tutti i delegati eletti al loro interno, i parlamenti del Consiglio e gli organi esecutivi saranno revocabili in qualsiasi momento; ognuno di essi sarà in qualsiasi momento responsabile nei confronti di chi ha fornito loro il mandato; e dovranno avere un reddito non superiore a quello della loro precedente professione.

Nelle elezioni primarie verranno eletti i Consigli di villaggio, i Consigli comunali e i Consigli di distretto. Il processo sarà gestito dalle agenzie amministrative. La successiva assemblea suprema non verrà eletta direttamente dall'elettore primario, ma comprenderà i delegati dei rispettivi parlamenti nel Consiglio inferiore in ogni *Gau‡* - che, sulla base della classificazione tribale, sostituirà gli attuali stati dinastici [*dynastischen Länder*]. La formazione più alta sarà il Congresso del Consiglio della Grande Germania, che svolgerà funzioni legislative e commissionerà il governo

La Costituzione del Consiglio, attraverso cui la sua fondazione della Grande Germania coinvolgerà ogni lavoratore tedesco nel destino della Nazione, dovrà essere semplice e logica, senza fioriture letterarie§. Quanto alla burocrazia in fase di liquidazione, sarà liquidata. Il tipo "dipendente pubblico" sparirà. Gli interessi economici che finora si sono combattuti sotto le spoglie di "partiti ideologici" (il ruolo dei sindacati nei partiti) saranno eliminati dall'ente statale, l'apparato organizzativo dei partiti sarà ridotto in frantumi. (Un obiettivo, per inciso, assunto dal 'Jungdeutscher Orden'** nella sua idea di Stato, offuscato solo dai termini un po' romantici "quartiere", "cura", "capitolo").

Nascerà così un corpo sociale del tutto nuovo, quello che finalmente, come una vera *volonté générale*††, rappresenterà l'unità della Nazione, germogliata dalla vita e dai suoi portatori, la linea generazionale del popolo, non falsata dal partito e dalle caste, ma legata allo Stato.

I Consigli nel senso qui dimostrato si sono già formati in passato, nelle formazioni armate di Cromwell. Il modello di Lenin era soprattutto la Comune di Parigi. E Gustav Landauer‡‡ ha giustamente indicato l'antica *thing* germanica§§ come ispirazione[57].

Oggi, tuttavia, è diventato di moda tra molti gruppi "nazionali" presentare lo "Stato corporativo" come successore del moribondo parlamentarismo*.**

Per questo motivo una visione del mondo integralmente universalista - di caratteristiche distintamente cattolica, tra l'altro - è stata elaborata da Othmar Spann. Eppure, proprio come i suoi epigoni biologico-rivoluzionari che hanno compreso il fatto che la tenuta organica ereditata del Medioevo non può essere sostituita oggi dall'occupazione, egli è stato in grado di scongiurare o nascondere **il pensiero anti-statale in esso contenuto†††.**

Lo 'Stato corporativo', essendo fondato sulle professioni - e quindi sugli interessi di guadagno dei suoi rappresentanti eletti - significa solo la perpetuazione dei gruppi di interesse nella trasformazione della forma esteriore dello Stato, una

---

57 *“Die vereinigte Republik Deutschland und ihre Verfassung”*, Münchener Neueste Nachrichten, 12 aprile 1919.

**nuova opportunità per fare dell'economia il fine della vita
völkisch.** È concepibile che per alcuni "ceti" si possano trovare
delle risposte - ma è anche certo che in questo modo nessuna
politica dello Stato sovrano potrà progredire, anche se la
produzione funzionasse; **che, soprattutto, la responsabilità
pubblica condivisa per la Nazione verrà soffocata in una
massa aggrovigliata di organizzazioni aziendali. Lo Stato
sarebbe, in sostanza, solo un'azienda manifatturiera.**

Anche da qui il problema della leadership non acquista nessun
nuovo significato. Il socialismo e la struttura del Consiglio,
tuttavia, non vogliono negare né distruggere la leadership, ma
semplicemente integrarla al servizio del tutto.

Chi otterrà la leadership sarà chi lavorerà di più per la comunità,
chi lavorerà meglio per essa. Il possibile punto di partenza nella
competizione per la prova di valore e di impegno deve essere
sempre lo stesso; il risultato sarà sempre diverso. In base
all'attitudine e al successo, ci saranno capi e governati anche in
futuro. Ma questa designazione fornirà loro la legge della vita e
delle qualifiche, non una separazione arbitraria per casta. Anche
la questione della "sostanza della leadership nordica" potrà
essere risolta solo così: attraverso la prestazione all'interno della
lotta dell'intero *Volk*. Se il sangue nordico è davvero l'elemento
creativo, edificatore dello Stato ed eroico nel *Volk* tedesco, allora
la rivoluzione senza dubbio gli spianerà la strada per dimostrare
a se stesso le sue capacità di leadership.

NOTE DEL TRADUTTORE

*** Martin Spahn fu uno storico tedesco e, nel periodo in cui
Paetel scrisse il Manifesto, una figura di spicco del nazional-
conservatore Partito Popolare Nazionale Tedesco (DNVP).**
Devoto cattolico e ferventemente *völkisch*, Spahn era stato un
delegato del *Reichstag* per il DNVP dal 1924, rendendolo,
insieme al leader del partito Alfred Hugenberg, uno dei membri
più importanti del DNVP. Nel giugno 1933 propugnò
l'assorbimento del Fronte Nazionale Tedesco (*Deutsche
National-Front*, il nome che il DNVP prese dopo essersi

reinventato nel maggio 1933 riconoscendo la "fine dell'era dei partiti") nel NSDAP, affermando che non poteva servire due leader e che il DNF come organizzazione non aveva più alcun uso o scopo. Spahn si unì prontamente ai nazionalsocialisti, mantenendo il suo seggio al *Reichstag* come membro del NSDAP fino al crollo del governo nel 1945.

† **Il barone von Stein** (Henrich Friedrich Karl Reichsfreiherr von und zum Stein) fu uno statista e riformatore politico prussiano. Stein fu fautore dell'emancipazione dei contadini e dell'introduzione di altre importanti riforme nella vita civile e politica tedesca. Oltre alla sua emancipazione della popolazione contadina, l'organizzazione di Stein dei parlamenti provinciali sulla base dei ceti tedeschi (nobiltà, proprietari terrieri, abitanti delle città e contadini) lo rese una figura popolare tra i successivi corporativisti tedeschi, nazionalsocialisti e nazional-rivoluzionari, che lo consideravano un precursore politico.

‡ '*Gau*' è un antico termine germanico medievale per '**regione**'. L'idea che gli stati tedeschi allora esistenti fossero "artificiali", o fossero inadeguati ai bisogni di una moderna Nazione tedesca a causa della loro relazione storica con le dinastie aristocratiche, era abbastanza comune tra i movimenti nazionalisti e comunisti. All'interno del movimento nazionalista l'idea di riorganizzare gli stati tedeschi in base alle vecchie appartenenze tribali era popolare, poiché esse erano considerate maggiormente "germaniche". Gli stessi nazionalsocialisti strutturarono le ramificazioni del loro partito sulla falsariga dei *Gau* piuttosto che in base agli stati tedeschi esistenti, e in seguito abolirono i *Länder* in favore del loro sistema dei *Gau* con la Legge del 1934 per la riorganizzazione del *Reich*.

§ '...senza fioriture letterarie' – L'originale tedesco è '*ohne jede Schreibtischkonstruktion*', che letteralmente si traduce come '**senza alcuna costruzione scritta da scrivania**'.

** Lo '***Jungdeutscher Orden***', o '***Jungdo***') fu un'organizzazione paramilitare modellata sull'Ordine Teutonico, traendo parte della sua ispirazione dal movimento *Wandervogel* e mantenendo una posizione politica nazional-liberale. Era abbastanza moderato rispetto ad altri gruppi paramilitari nazionalisti, sebbene a volte utilizzasse propaganda antisemita e sostenesse la restaurazione imperiale (sebbene sotto un'amministrazione democratica piuttosto che una monarchia o una dittatura). Nel perseguimento dei suoi obiettivi politici lo *Jungdo* si impegnava apertamente nella politica elettorale, e i suoi membri sostenevano i partiti liberal-democratici più vicini al centro. **Come accennato da Paetel, l'organizzazione interna dello *Jungdo* era pesantemente irreggimentata e gerarchica, con membri organizzati in "quartieri" e "capitoli", e sottoposti a un rituale chiamato "cura" per guadagnare rango - terminologia tutta apparentemente presa in prestito dai Cavalieri Teutonici.**

†† '*Volonté générale*' – Un termine filosofico francese per 'volontà generale', cioè volontà collettiva del popolo o delle masse nel loro insieme.

‡‡ **Gustav Landauer fu un anarchico e pacifista ebreo-tedesco,** il cui corpus di lavori riguardava in gran parte l'anarchismo e la sua relazione con l'individualismo, il misticismo, il buddismo e i concetti metafisici. Fu attivo per un breve periodo come ministro nella Repubblica sovietica istituita brevemente in Baviera, e fu assassinato dai soldati *Freikorps* dopo che la repubblica fu rovesciata.

§§ '*Thing*' **è un'antica parola tedesca per designare un'assemblea di governo in cui uomini liberi si riunivano per prendere decisioni collettive da pari a pari.** Esse erano presenti in tutte le società nordiche in una forma o in un'altra (comprese la Groenlandia e le isole britanniche), e sono generalmente considerate una forma primitiva e prototipica delle successive strutture democratiche europee.

*** **Il termine tedesco per 'Stato corporativo' è '*Ständestaat*', letteralmente 'Stato dei ceti'.** Il termine tedesco fa diretto riferimento agli antichi "stati" che, in quanto grandi settori della vita socio-economica all'interno della società feudale europea, costituivano la base dell'organizzazione politica ed economica pre-illuminista. Tipicamente i quattro stati erano costituiti da nobiltà, clero, contadini e borghesi, sebbene vi fossero variazioni regionali. Il tortuoso legame storico-intellettuale tra l'ideologia corporativa del XX secolo e i precedenti ideali medievali/feudali (franchigia occupazionale, sistema delle corporazioni, mantenimento della stabilità sociale e politica attraverso la stratificazione economica, eccetera) è molto chiaro nella lingua tedesca.

††† **Othmar Spann fu un economista e accademico tedesco-austriaco e uno dei più famosi teorici dello Stato corporativo al di fuori dell'area mediterranea.** Le sue idee erano molto influenti nelle aree di lingua tedesca, con un supporto significativo proveniente dall'*Heimwehr* austriaco, dall'ala orientata verso l'Austria del *Sudetendeutsche Heimatfront* e dall'ala corporativa del NSDAP. Gli "epigoni" a cui Paetel si riferisce ("epigono" è un termine derivante dall'antico greco che indica un 'successore o seguace insignificante di una figura più grande', un 'imitatore di basso livello') è probabilmente una frecciata a questi gruppi, e forse anche allo *Spannkreis*, il circolo di intellettuali austriaco ispirato e promosso da Spann.

SOCIALISMO

Ricapitoliamo:

Siamo socialisti.

Questo significa che al momento della rivoluzione, chiediamo:

1. **Nazionalizzazione del territorio e del suolo.** Distribuzione dei latifondi. Tutta la proprietà terriera in futuro sarà mandato della nazione.
2. **Trasferimento di tutte le imprese industriali, delle banche, dei grandi magazzini, delle risorse minerarie, delle miniere e dei trasporti di grandi e medie dimensioni nelle mani del** *Volk*.
3. **Economia pianificata dallo Stato con il monopolio del commercio estero.**
4. Armi nelle mani di tutti: **costituzione di una milizia popolare** [*Volksheeres*].

Qualsiasi dottrina della partecipazione agli utili e della gestione privata che garantisca, anche parzialmente, la proprietà privata dei mezzi di produzione e il carattere merceologico della terra, è una manovra diversiva semi-fascista.

Un'economia pianificata come quella richiesta da **Werner Sombart*** nella sua opera *"L'avvenire del capitalismo"* [*"Zukunft des Kapitalismus"*], che prevede "proprietà privata e proprietà sociale, economia privata ed economia sociale", è una delle tante mezze misure desiderate oggi, a tutti gli effetti, solo come ultima risorsa, anche dai sostenitori del "*Tat*"†.

Ciò include principalmente il "socialismo tedesco" di **Strasser**, ma anche, ad esempio, il "possedismo" di **Wehrwolf**.‡

La legge fondamentale del vero socialismo nazionalista rimane questa: l'economia nelle mani della Nazione.

Questa legge si applica tanto all'impresa industriale quanto alla questione della proprietà, ma soprattutto serve da giustificazione all'autarchia e al monopolio del commercio estero.

NOTE DEL TRADUTTORE

*** Werner Sombart fu un importante marxista**, economista e sociologo tedesco autore di una serie di influenti opere teoriche sul capitalismo. Dall'inizio della prima guerra mondiale in poi Sombart cominciò a divenire sempre più incline al nazionalismo, spostandosi gradualmente nell'orbita degli intellettuali della Rivoluzione conservatrice. Nel 1933 aveva ufficialmente abbracciato il nazionalsocialismo ed era diventato un sostenitore del NSDAP, sebbene la sua visione personale del Nazionalsocialismo non fosse mai del tutto ortodossa. La sua opera del 1934 *"Il socialismo tedesco"* (*"Deutscher Sozialismus"*) tentò di fornire al Nazionalsocialismo un solido fondamento filosofico e metafisico, sebbene il suo contenuto (che include elogi senza riserve indirizzati sia a Otto Strasser che ad Hans Zehrer, nonché un approccio abbastanza moderato alla "questione ebraica") suggerisca una linea di pensiero guidata più da flessibilità intellettuale che da un rigido dogmatismo. Sombart visse relativamente bene nel Terzo Reich, sebbene a volte incontrasse difficoltà con lo Stato. Morì nel 1941.

† ***"Die Tat"*** (*"Il fatto"*) era probabilmente il giornale intellettuale nazionalista più importante della Germania. Fondato nel 1909 come pubblicazione non settaria per la discussione di concetti teologici, a partire dal 1929 venne curato dall'intellettuale nazional-rivoluzionario **Hans Zehrer** , e la sua cerchia di collaboratori (il '*Tatkreis*', o circolo di *Tat*) divenne ben nota nell'ambiente radicale tedesco per la sua difesa dell'elitarismo e dell'autarchia, le sue critiche alla democrazia e

al capitalismo e i suoi sentimenti contrastanti nei confronti del movimento nazionalsocialista.

‡ Il *Wehrwolf* **fu un gruppo paramilitare nazionalista fondato nel 1923 dall'insegnante e giornalista Fritz Kloppe**, originariamente come gruppo scissionista del movimento giovanile degli *Stahlhelm*, lo *Jungstahlhelm*. I suoi membri usavano come simboli la testa di morto, la runa *Wolfsangel* e la lettera "W", che adornavano le loro uniformi grigie e le bandiere nere. Il *Wehrwolf* era sia fortemente *völkisch* che più apertamente anticapitalista di altri simili gruppi paramilitari nazionalisti; per un periodo fece nominalmente parte del "Fronte Nero" di Otto Strasser, e i suoi leader mantennero legami con i "bolscevichi di destra" del *Freikorps Oberland* e con il ʻ*Widerstand-kreis*ʼ di Ernst Niekisch (ovvero la cerchia di collaboratori del giornale di Niekisch, il "*Widerstand*"). Il *Wehrwolf* presentava la propria dottrina economica (ideata da Kloppe) come alternativa sia al capitalismo che al socialismo: il termine ʻPossedismoʼ (ʻ*Possedismus*ʼ), derivava dal latino ʻpossedereʼ. Il *Wehrwolf* e la sua organizzazione giovanile, lo *Jungwolf*, accettarono di essere inglobati nelle SA e nella Gioventù Hitleriana nel 1933.

PRUSSIA COME PRINCIPIO

C'è una cosa che il socialismo non può ignorare: la realtà della Prussia.

Là infatti, come sia **Oswald Spengler** che **Moeller van den Bruck** hanno identificato nello **"stile prussiano"**, **c'è il tipo di socialismo di Stato** che auspichiamo sorga in tutti i territori tedeschi; esiste già in essi in forma embrionale. C'è quella prevalenza del "Noi" sull'"Io", dell'unità sulla polarità, la già manifestata (in contrasto con la concezione marxista della società) auto-esistenza creativa, fondata sul sangue e sull'acciaio - e vissuta come volontà, non come opportunità particolare.

Certo, bisogna tenere presente che c'è anche un altro aspetto di tutto ciò: non è un caso che la sintesi sia diventata **"Prussianesimo e Socialismo"***, si veda la glorificazione di Spengler dell'"uomo carnivoro". Anche il principio prussiano corre oggi il pericolo di essere utilizzato in modo improprio.

Solo la Prussia ne è storicamente capace, percependosi sempre come il correlato dell'eterno tedesco; solo la Prussia, che riprende l'antica tradizione Junker, soddisfa le richieste del barone **von Stein** di coinvolgere il *Volk* nella responsabilità dello Stato.

Tuttavia, non si dovrebbe mai rispondere alla venerazione di quell'antico prussianesimo, popolare in alcuni ambienti, - come vediamo riflessa negli scritti di A. Ludwig von der Marwitz[58], con le loro incredibili invettive verso le "leghe giovanili", il loro disprezzo per la liberazione dei contadini, per le riforme dell'autogoverno, e anche per i "giacobini" del 1813† - con qualcosa di diverso da una dichiarazione di guerra.

---

58 *"Preußischer Adel"*, Korn, Breslau.

Non forme transitorie di statualità prussiana, antagonismi irriducibili nati da un periodo di sconvolgimenti, ma piuttosto l'appello ad essere **"servitori dello Stato", come vissuto e incarnato da Federico II** - cioè il potere formativo a cui non si può rinunciare e che invece costituisce la base del potere statale, come in effetti la Russia ha ben preso atto. Quella Prussia di cui sognavano gli ordini cavallereschi quando eressero i massicci bastioni di Marienburg‡ - e anche su questo bisogna essere chiari - è un'altra fonte di volontà, inaccettabile se non si è pronti ad accettare le fondamenta della fede dietro i voti che hanno plasmato le persone, la natura e le storie dei Cavalieri Teutonici e che hanno determinato la direzione della loro volontà: il cristianesimo.

La logica unificante dell'odierna idea "pagana" di Stato non deve essere tratta da Hermann von Salza§, né da Ludwig von der Marwitz; **solo dalla Potsdam di Federico il Grande si può oltrepassare i filosofi dello Stato totale di Hegel e la sua inversione marxista per giungere alla statualità socialista di domani.**

Perché questo nazionalismo non è cristiano [*unchristliche*], oggi come ieri. Il destino personale dell'ufficiale prussiano Trenck** ci mostra cosa sia: immerso personalmente dal re nelle profondità più dolorose, questo ex favorito del sovrano e amato dalla di lui sorella, dopo nove anni di sofferenza disumana nelle casematte di Magdeburgo, alla fine di un'esistenza in rovina, ha dedicato la confessione della sua vita allo "spirito di Federico l'Unico".

Ciò dimostra chiaramente che in Prussia nessun giuramento è soggetto a revoca.

Solo attraverso questo *ethos*, che in modo univoco e irrevocabile è in grado di legare i tedeschi di domani alla nazione socialista, vivrà la Germania.

E quindi:

Prussia sia.
Prussia come atteggiamento.
Prussia come principio.

Prussia come realtà spirituale.

Come ha detto **Moeller van den Bruck**[59]: *"La Germania non può fare a meno della Prussia, perché non può fare a meno del Prussianesimo.*

"Il Prussianesimo, che è volontà di stato e riconoscimento che la vita storica è una vita politica in cui dobbiamo agire come un popolo politico".

Inutile dire, naturalmente, che non si tratta del paese della Prussia - che dovrà essere subordinato al concetto di unità organica e decentralizzata attraverso la struttura del consiglio delle regioni tribali (il cuore ancestrale della Prussia in effetti non è stabilito su un "nuovo concetto tribale" biologicamente distinto bensì storicamente esistente) - ma l'impulso di volontà della Prussia. **Si potrebbe anche dire che si tratta della "prussianizzazione" della Germania.**

Il socialismo trasformerà i "cittadini" tedeschi in appendici dello Stato tedesco; le contraddizioni tra Nazione, Popolo e Stato saranno abolite e rimodellate in una nuova sintesi.

È ovvio che l'antica "idea imperiale" medievale [*Reichsidee*] del sovrano cristiano sovranazionale, che l'imperatore tedesco incarna ancora *alla Dante*††, non ha nulla a che fare con questo. Anche il suo obiettivo finale, la "pacificazione del mondo da parte dello scettro dell'*Imperium*", è svanito nell'irrilevanza. **La Germania socialista è di un'essenza completamente diversa.**

Eppure rappresenta ugualmente i tedeschi.

NOTE DEL TRADUTTORE

---

59 *"Der Preußische Stil"*, Piper & Co., Munich.

* Un chiaro riferimento all'**opera di Spengler "*Prussianesimo e Socialismo*"**, che sosteneva anche una sintesi del socialismo con gli ideali prussiani, sebbene da un punto di vista più conservatore rispetto a quello promosso da Paetel.

† **Friedrich August Ludwig von der Marwitz fu un generale e politico prussiano, feroce avversario politico del barone von Stein.** Il suo animo era schierato con l'antica nobiltà prussiana, che vedeva come la base dello Stato di Prussia - e di conseguenza era ardentemente contrario alle ampie riforme politiche promosse da Stein, che (pur mirando a preservare la tradizione prussiana e un sentimento anti-illuminista) disgregò alcune delle strutture assolutistiche dello Stato, ridusse i poteri della nobiltà e rese i cittadini teoricamente uguali davanti alla legge. "I giacobini del 1813" è un riferimento a una serie di riforme militari attuate in quell'anno, specificatamente l'abolizione del privilegio nobiliare (cioè la promozione basata sul lignaggio piuttosto che sulle capacità effettive) e l'introduzione del servizio militare obbligatorio (coscrizione). Marwitz si opponeva a questi cambiamenti e definiva i loro sostenitori 'giacobini' in riferimento al loro supposto radicalismo.

‡ L'**Ordensburg Marienburg'**, oggi situato in Polonia, è il più grande castello del mondo, una massiccia fortezza medievale originariamente costruita dai Cavalieri Teutonici intorno al 1300.

§ **Hermann von Salza fu a capo dell'Ordine Teutonico tra il 1210 e il 1239**. Era un consigliere dell'imperatore Federico II e fungeva da intermediario diplomatico tra Papato e Sacro Romano Impero. L'espansione dell'Ordine Teutonico da lui promossa nelle aree a nord del fiume Vistola, una crociata per costringere con la spada i pagani della regione a convertirsi, gettò le basi per l'istituzione di quella che poi sarebbe diventata la Prussia. **Paetel qui sta rifiutando le due visioni separate della Prussia che secondo lui rappresentano Salza e Marwitz:**

una cavalleresca e cristiana, l'altra aristocratica ed elitaria. Paetel suggerisce invece che l'ispirazione prussiana del nazional-bolscevismo debba essere ricercata nell'eredità di Federico il Grande.

** "L'ufficiale prussiano Trenck" è il nobile e scrittore prussiano **Friedrich von der Trenck**. Trenck, un ufficiale dell'armata di Federico il Grande, fu imprigionato nel 1745 con accuse poco chiare – probabilmente legate allo spionaggio, forse a causa della sua presunta infedeltà con la sorella di Federico, la principessa Anna Amalia. Trenck evase dalla prigione e trascorse un certo numero di anni come mercenario, fino a quando venne catturato nuovamente nel 1753 e condannato da Federico alla prigionia nella Cittadella di Magdeburgo. Trenck passò nove anni confinato a Magdeburgo, legato in catene dentro una casamatta - una minuscola camera fortificata sotto i bastioni, destinata a ospitare negozi e arcieri in tempo di assedio. Alla fine fu liberato per intercessione dell'imperatrice del Sacro Romano Impero Maria Teresa. Negli anni successivi divenne scrittore e commerciante di vini, finché nel 1794 fu arrestato a Parigi dal governo rivoluzionario francese con l'accusa di spionaggio e giustiziato con la ghigliottina. Paetel qua cita le memorie di Trenck, scritte durante la prigionia a Magdeburgo, che esordiscono con la dedica: "*Allo spirito di Federico l'Unico, Re di Prussia, mia Vita*".

†† Paetel si riferisce probabilmente al trattato politico in tre volumi **"*De Monarchia*"** di **Dante Alighieri**. L'opera di Dante appoggiava la separazione tra Chiesa e Stato, ma valorizzava anche la concezione medievale dell'imperatore (in parte attraverso riferimenti d'approvazione al Sacro Romano Impero) come fonte di potere e autorità assoluti e garante dell'ordine divino.

LA LOTTA DI CLASSE COME RICHIESTA NAZIONALISTA

La lotta di classe non è un'invenzione dell'"*ebreo Marx*"[60].

È un dato di fatto della vita quotidiana, che riflette il contratto di lavoro tra datore e dipendente, nonché le funzioni della stampa, dello Stato e della vita culturale.

È una linea di battaglia stabilita da coloro che sono in possesso dei mezzi economici del potere, imposti a chi è "in basso" e risponde con furore. **Non richiede un giudizio morale ma piuttosto una decisione dichiarata su quale parte vogliamo combattere.**

La lotta di classe non è un costrutto artificiale. Come avviene nella vita delle cellule, ciò che è nuovo e giovane sostituisce il vecchio e il debole; così anche nel corpo del *Volk* [*Volkskörper*] c'è la vecchia classe dirigente, che dopo aver adempiuto alla sua

---

60 Per inciso: la questione ebraica non può essere affatto risolta senza essere incorporata nella questione razziale complessiva – e nient'affatto in modo puramente negativo. L'analisi di Marx ("Sulla questione ebraica") secondo cui lo "spirito ebraico" imprenditoriale, usuraio e sfruttatore può essere liquidato solo nel momento in cui viene privato delle basi dell'ordine capitalista, è corretta. Nella Germania socialista gli ebrei dovranno affrontare la decisione di emigrare o di integrarsi produttivamente come "minoranza nazionale" nel processo di costruzione della Nazione (ad esempio come coloni o artigiani). Nella vita culturale *völkisch*, come tutte le minoranze, la loro influenza sarà debole, e rappresentata solo da pochi uomini che hanno dimostrato la loro preminenza; per esempio, il lavoro di Friedrich Gundolf su Goethe, l'opera di Gustav Landauer su Hölderlin o il "*Köpfe*" di Maximilian Harden hanno dimostrato che i loro autori costituiscono delle possibili eccezioni. Nell'arena politica, come tutte le minoranze, avranno il diritto di votare e candidarsi alle elezioni degli organi legislativi, ma non il diritto di candidarsi all'esecutivo. Piuttosto, saranno delegabili solo alle riunioni consiliari nei propri organi di rappresentanza culturale.

funzione per la comunità per un certo periodo, viene sostituita da nuove forze - di solito con la violenza.

Così la lotta di classe, indipendentemente dal fatto che questo processo si svolga in tutti i popoli, fa parte del corso degli eventi nella vita del *Volk* [*Volkslebens*], e costituisce un processo di rivalsa contro le forze di comando all'interno di un organismo popolare [*Volksorganismus*][61].

Proprio come ogni rivoluzione precedente aveva il suo portatore sociologico - l'esempio più chiaro è la rivoluzione francese "borghese" - così vale anche per la rivoluzione in cui ci troviamo. La classe operaia, che oggi batte alle porte della storia tedesca, dovrà combattere la sua lotta di classe con gli attuali detentori delle risorse economiche e degli strumenti di potere, in modo che questi possano essere trasferiti entrambi nelle mani dei lavoratori al momento della rivoluzione, rendendoli pronti a dichiararsi nazione e a sostituire la vecchia dirigenza[62].

La lotta di classe è chiaramente fondata sul nazionalismo e - per usare una parola troppo spesso abusata dai ciarlatani - assolutamente in maniera "organica", come afferma Ernst Krawehl †[63]:

"La nazione ci appare come un insieme universale di divisioni che si caratterizzano per la loro stratificazione discordante (orizzontale-verticale, religioni, professioni, ideologie e così via). Uno dei suoi principi strutturali più significativi è quello

---

61 Si faccia un confronto anche con le opere di August Winnig "*Der Glaube an das Proletariat*" e "*Befreiung*". Nel frattempo Winnig ha reso chiaro a tutti, con il suo libro "*Vom Proletariat zum Arbeitertum*" e i suoi saggi nel "*Berliner Börsen-Zeitung*", che da allora è passato nel campo della borghesia possidente.

62 Anche Marx nel "*Manifesto del partito comunista*" afferma: "*Inoltre, si è rimproverato ai comunisti ch'essi vorrebbero abolire la patria, la nazionalità. Gli operai non hanno patria. Non si può togliere loro quello che non hanno. Poiché la prima cosa che il proletario deve fare è di conquistarsi il dominio politico, di elevarsi a classe nazionale, di costituire se stesso in nazione, è anch'esso ancora nazionale, seppure non certo nel senso della borghesia*". Tuttavia, se si continua a leggere… Marx scrive che in seguito la nazione sarà comunque superata.

63 "*Nazione socialista*", vol. II, n. 10.

degli strati disposti orizzontalmente, i cui punti più alti sono contraddistinti da attributi non considerati adatti agli umili (esenzione fiscale per il clero, istruzione universitaria per la borghesia, privilegio alle cariche politiche per la nobiltà, eccesso economico per i capitalisti). Ciascuno di questi strati nazionali sviluppa i propri usi e costumi sociali particolari - sì, formano persino il proprio spazio vitale separato (i proletari sposano solo proletari, i nobili solo nobili).

"Ma la totalità di questi strati appartiene solo in modo latente alla nazione. È una legge storica che, in qualsiasi momento, la nazione è rappresentata solo da un gruppo specifico. Ogni azione di questo gruppo, che serve solo i propri interessi, viene improvvisamente posta sotto una luce diversa e mantiene un significato massimamente cruciale per l'intera nazione.

"Il rapporto di stratificazione, così come si presenta in un dato momento - oggi, per esempio - si è sempre basato sul rapporto di valore e potere sottostante la struttura della stratificazione. Il gruppo al potere incarnava l'essenza della nazione; ha guadagnato la sua posizione. Attraverso il processo biologico, tuttavia, lo strato dominante perde sempre la sua vitalità e la sua autorità di rappresentare la nazione più rapidamente di quanto non facciano i suoi privilegi, mentre allo stesso tempo si dipanano nuovi strati dal basso, per compiere da soli il destino della nazione. Lo strato dominante deve andare in letargo, deve diventare il legno e il tronco della nazione (in altre parole, passare alla storia), mentre si formano nuove cellule che assumono la funzione di anelli vivificanti. (Questa analogia sembra buona; dimostra che la formazione del legno è essenziale quanto la crescita costante della corteccia; dimostra anche l'atto rivoluzionario dell'infusione di linfa fresca in primavera, di gemme che sbocciano, seguito da un periodo di crescita pacifica).

"Lo strato inferiore dovrebbe in linea di principio dimostrare la sua forza infondendosi da solo - e ciò è qualcosa da cui dipende, nella maggior parte dei casi. La sua lotta contro il vecchio strato, che rifiuta di rinunciare alle poltrone del potere, è lotta di

classe nel vero senso del termine. Abbraccia tutti gli ambiti della vita völkisch: culturali ed economici[64].

"La nostra attuale classe ascendente, nelle cui mani risiede il destino della nazione, non solo si trova di fronte i soliti ostacoli sempre presenti da superare (acquisizione dell'istruzione, ingresso nella 'buona società'), ma è anche ostacolata da un certo stato di cose oggettivo imposto alla sua giovane vita: il capitalismo. Ciò pone contro ogni migliore intenzione un ostacolo insormontabile.

"A questa classe deve quindi essere data almeno la 'possibilità' di mettersi alla prova, indipendentemente dal fatto che si riveli utile o meno; su questo non ci dovrebbero essere dubbi. Ciò può essere ottenuto solo attraverso l'eliminazione del capitalismo. Solo un nuovo sistema economico può fornire la garanzia per una vita völkisch. Vale a dire che la lotta del proletariato per le cose onnicomprensive - cultura ed economia - è nella sua modalità puramente economica. (Il che non vuol dire che l'economia da se stessa dia vita a una nuova cultura; no, libera solo le forze per il suo potenziale sviluppo.)

"Ma poiché il capitalismo, contro il quale è diretta prima di tutto la lotta per la classe proletaria, è superbamente tenuto dalla classe borghese che affonda (e, viceversa, si aggrappa a sua volta alla classe borghese), così ogni lotta contro la borghesia (contro la loro morale, arte, religione, etica) è una lotta contro il capitalismo e allo stesso tempo una lotta a favore del proletariato. (Il che ancora una volta non vuol dire che il capitalismo abbia necessariamente condizionato o creato questa morale, arte, religione o etica.)

---

64 **Legittimare la pretesa del potere da parte dell'operaio semplicemente come una "*Gestalt*", ignorandone consapevolmente l'origine sociologica, come ha intrapreso Ernst Jünger nel suo magnifico libro "*L'operaio*", è un punto di vista visionario e non politico.** Il "nuovo rapporto con l'elementare" che separa "il Tipo" dal borghese dice troppo poco sui compiti storici concreti. Senza contare che, nell'ambito della "pianificazione planetaria" a capo del quale è posto il "Tipo", la Nazione svanisce immediatamente. La rappresentazione jungeriana, artisticamente e intellettualmente di altissimo rango, non è un'analisi politica ma psicologica, e quindi incapace di plasmare la storia.

"Attraverso questa versione del concetto di classe e di lotta di classe non è possibile vedere nessun altro risultato se non il fatto che il proletariato, dopo aver fatto il suo tempo e il suo sistema economico, sia sostituito da qualcosa di nuovo nella lotta. Se è possibile eliminare completamente le divisioni di classe e creare nuovi strati che non abbiano più un carattere di classe, allora sarà all'interno di questi nuovi corpi sociali che continuerà la lotta di classe, che non è altro che la lotta della vita ascendente e discendente - un ciclo che non si avrà mai fine, fino a quando il mondo finalmente si fermerà".

La giustificazione con cui ogni semi-fascista rifiuta la lotta di classe è un semplice trucco di prestigio: **"La lotta di classe è la realtà del capitalismo, la *Volksgemeinschaft* la realtà del socialismo"**. Operare in base a questa affermazione non è altro che una disonestà intellettuale.

È proprio perché si suppone che il socialismo diventi realtà che la *Volksgemeinschaft* può essere predicata solo come obiettivo, e mai come slogan per imbiancare il mondo a dominio capitalista come esiste oggi. Per concludere, dire **"siamo socialisti, quindi contro la lotta di classe"** è semplicemente illogico, perché non si può assegnare bruscamente un criterio di domani all'oggi, non si può utilizzare un obiettivo per negare ciò che esiste.

Anche lo slogan opposto del 97% usato dal circolo *Tat* e dal **"Fonte Nero"** è una finzione‡. Anche ammesso che le statistiche sulla ricchezza e sul reddito di Fried[65] siano corrette, questo 97% non possiede una coscienza condivisa§. La lotta è guidata da chi la vuole. Buona parte del 97% composto da coloro che sono statisticamente "diseredati", come dimostrano ogni ad momento le politiche odierne, difende volentieri il rimanente 3%. Lo slogan del 97% è fantasia, la lotta di classe è realtà.

---

65 **Ferdinand Fried**, *"La fine del capitalismo"* [*"Das Ende des Kapitalismus"*], Diedrichs, Jena. 66 A. Salz: *"Nationalismus und Sozialismus im heutigen Deutschland"*.

Ci sono anche i commenti fatti dall'*Archivio per la politica e la storia*[66] già nel marzo 1925:

"La realtà fondamentale dell'ordine sociale europeo di oggi è che la spaccatura, la polarizzazione da cui emana la dottrina socialista, non passa più attraverso la società borghese della nazione, ma attraversa la società mondiale, attraverso le nazioni d'Europa, anzi divide il mondo intero nel mezzo.

"La primaria esperienza proletaria di prigionia e schiavitù nella Germania di oggi è l'esperienza social-nazionale - o almeno dovrebbe esserlo.

"Oggi non c'è più semplicemente una classe proletaria politicamente libera, economicamente e socialmente non libera, sfruttata con accanto ad essa una classe eternamente oppositiva di proprietari privilegiati e sfruttatori; o meglio, questa antinomia è relativa al processo di polarizzazione storico-mondiale di cui siamo stati testimoni e vittime, cioè è diventata secondaria secondo l'ordine classificato dei valori storici.

"Invece ora ci sono nazioni proletarizzate e non proletarizzate, e questo nel cuore dell'Europa, che nel corso della sua lunga storia non ha mai conosciuto prima questo tipo di antagonismo, e comunque non lo sopporterebbe a lungo termine.

"Il principale documento storico mondiale che ha stabilito o legalizzato questo nuovo status per l'Europa è il "trattato di pace" di Versailles.

"È quindi essenziale elevare finalmente questa nuova condizione alla chiarezza della coscienza, in modo che possa essere resa la base dell'esperienza che determina la nostra intera visione del mondo".

---

66 A. Salz: *"Nationalismus und Sozialismus im heutigen Deutschland"*.

NOTE DEL TRADUTTORE

* **August Winnig** fu un sindacalista e scrittore politico tedesco nel periodo tra le due guerre, una figura ben nota per il suo spostamento ideologico dall'"estrema sinistra" all'"estrema destra". Inizialmente sindacalista e giornalista socialdemocratico, Winig durante la Grande Guerra fu un sostenitore del "socialismo di guerra", adottando così una posizione all'estremo nazionalista dello spettro politico socialdemocratico. Entrato in diversi incarichi di governo dopo la guerra, nel 1920 fu espulso dai suoi uffici e dal Partito socialdemocratico dopo aver espresso pubblico sostegno al putsch nazionalista di Kapp. Da lì Winnig seguì un corso più o meno analogo a quello di Ernst Niekisch: prima nel circolo Hofgeismarer, poi nel vecchio partito socialdemocratico di Sassonia, fino a stabilirsi definitivamente nel campo nazional-rivoluzionario. Sebbene non sia mai stato membro del NSDAP, Winig inizialmente accolse favorevolmente il regime di Hitler, e ci sono prove che a volte il governo nazionalsocialista si rivolse a lui come consigliere su questioni industriali e sulle relazioni tra lavoratori e Stato. Tuttavia, negli anni '30 divenne sempre più scettico nei confronti del Nazionalsocialismo, in particolare quando divenne sempre più religioso. Dopo la guerra Winig si unì alla CDU della Germania Ovest.

† **Ernst Krawehl fu un membro del Gruppo dei nazionalisi social-rivoluzionari (GSRN) di Paetel e un sottoscrittore del giornale del GSRN *"Nazione socialista"*.** L'articolo di Krawehl che Paetel cita ampiamente in questo capitolo fu originariamente pubblicato nel numero di "*Nazione socialista*" del novembre 1932 (vol. II, n. 10) con il titolo *"La lotta di classe come richiesta nazionalista"* [*"Der Klassenkampf als nationalistische Forderung"*] – lo stesso titolo di questo capitolo del Manifesto di Paetel, il che spiega l'ampiezza della citazione. Alcune delle idee di Kraweh sono analizzate molto brevemente nell'opera di Louis Dupeux *"National-Bolschewismus in Deutschland 1919-1933"*.

‡ **"Lo slogan del 97%"** – **L'idea che, più che una divisione dei conflitti socio-economici lungo le linee di classe individuate da Marx, sia invece il 97% della popolazione (compresi molti membri della classe media, proprietari di immobili, ecc.) a venire sfruttata e divisa al suo interno dal 3% al vertice della piramide economica.** Questa teoria sullo sfruttamento economico appare occasionalmente negli scritti nazionalisti del periodo; essa aveva lo scopo di estendere l'ideale del socialismo oltre il proletariato, rendendo le sue osservazioni e richieste applicabili e attraenti anche per colletti bianchi, dipendenti pubblici, artigiani e piccoli imprenditori. Il concetto è referenziato in maniera abbastanza indirettamente all'interno del *"Manifesto del Fronte Nero"* del 1931: *"L'essenza dell'odierno sistema di classe e della democrazia parlamentare è quella della stratificazione artificiale del popolo basata sul potere del denaro, creando un sistema selettivo in cui professione e vocazione sono in conflitto tra loro in 97 casi su cento. Questa stratificazione innaturale crea tensioni sempre crescenti all'interno dell'organismo del popolo, che è costretto a concentrare tutte le sue energie all'esterno, assicurando così l'ineluttabilità della condizione di schiavitù della Nazione"*.

§ **'Fried' si riferisce a Ferdinand Fried, lo pseudonimo di Ferdinand Friedrich Zimmerman, giornalista ed economista che divenne molto conosciuto grazie ai suoi contributi al giornale nazional-rivoluzionario "*Die Tat*"** (rendendolo parte del cosiddetto **"circolo di *Tat*", "*Tatkreis*"**). Gli scritti di Fried trattavano in gran parte dell'imminente fine del capitalismo, che lui da conservatore radicale accoglieva favorevolmente. La sua opera più famosa è stata *"La fine del capitalismo" ["Das End des Kapitalismus"]*. In essa Fried non solo criticava il capitalismo e delineava le ragioni per cui credeva che sarebbe crollato, ma forniva anche le sue idee su un sistema economico alternativo. **Il sistema proposto da Fried era un'economia pianificata e autarchica in cui i cartelli aziendali e i sindacati sarebbero stati subordinati allo Stato, diventando così parte di una vasta burocrazia governativa interconnessa. Il commercio estero avrebbe continuato ad esistere, ma sarebbe stato totalmente controllato dallo Stato e regolato da barriere tariffarie estremamente elevate.** Le idee economiche di Fried erano considerate in gran parte coincidenti con quelle del circolo di *Tat* nel suo insieme. A differenza di molti altri frequenti collaboratori del "*Die Tat*", che consideravano il Nazionalsocialismo con sentimenti contrastanti, Fried si conciliò con il regime nazionalsocialista e si unì al NSDAP dopo il 1933.

VERSAILLES

Il nemico del nazionalismo rivoluzionario rimane: Versailles!

C'è poco da dire a riguardo, ma ricordate sempre: questo è il peso che grava sulla libertà della Germania.

Il percorso verso la Nazione,

Il percorso verso il socialismo,

Il percorso verso la rivoluzione,

può essere affrontato solo attraverso il ripudio di tutti i trattati e patti da Versailles a Young!

Chiunque tradisca questa consapevolezza lamentandosi del revisionismo tradisce il futuro tedesco, tradisce la Nazione socialista di domani.

Il percorso verso la Nazione sovrana tedesca può passare solo attraverso la restaurazione della Grande Germania, cioè solo ed esclusivamente attraverso la distruzione del sistema di Versailles!

Il francese Jaurès[67] ci mostra la strada giusta:

"La patria non è un'idea che è sopravvissuta alla sua utilità; il concetto di patria si evolve e si approfondisce. Sono sempre stato convinto che il proletariato nel suo intimo non possa accettare nessuna dottrina della rinuncia nazionale, della servitù nazionale. Rivoltarsi contro il dispotismo dei re, contro la tirannia della classe dominante, e tuttavia lasciare che il

---

67 Jaurès, *"Patria e Proletariato"*, nella ristampa da *"Die Neue Armee"*, Diedrichs, Jena.

giogo della conquista e il governo di un militarismo straniero vengano imposti senza alcuna resistenza, è una contraddizione così puerilmente patetica che al primo allarme dell'invasione tutte le forze dell'istinto e della ragione dovrebbero essere spazzate via perché abbia un senso. Che i proletari, che non vengono liberati dal capitale del conquistatore, acconsentano inoltre ad essere complici, è una mostruosità ... La realtà, però, è questa: ovunque ci sia una patria, cioè un gruppo storico consapevole della sua unità e continuità, allora ogni attacco alla libertà e all'indipendenza di questa patria è un tentativo di assassinio contro la civiltà, una ricaduta nella barbarie".

POLITICA ESTERA RIVOLUZIONARIA

La concezione rivoluzionario-nazionalista della politica estera è quindi chiara: fare fronte contro Versailles, ovvero un fronte contro l'Occidente e i suoi satelliti orientali e sud-orientali. Il che implica riprendere il vecchio slogan di Brockdorff-Rantzau: *"Contro il capitalismo e l'imperialismo"**. Uno slogan per il quale le parole di von Moltke† non possono essere valide: "È dura essere un patriota in Germania, per chi è ... dimenticato." - Eppure egli è, nonostante ciò, il viandante della nostra volontà insurrezionale.

Ciò significa formare una comunità di combattenti insieme all'avversario del mondo di Versailles: la Russia. Solo alleandosi con la Russia, che in quanto prima potenza mondiale socialista sarà un'alleata naturale per una Germania socialista, potrà essere risolta la questione orientale tedesca, che allo stesso tempo risolverà la questione della Polonia[68].

---

68 **Riguardo la questione della Polonia, si analizzi ad esempio la lettera di Engels a Marx** del 23 maggio 1851: "Quanto più rifletto sulla storia, tanto più mi diventa chiaro che i polacchi sono una nazione in dissoluzione [*eine nation fondue*], che si può adoperare come strumento solo fino a quando la Russia stessa non sia trascinata in una rivoluzione agraria. **Da quel momento in poi la Polonia non avrà più alcuna ragione di esistere.** I polacchi non hanno mai fatto altro nella storia se non combinare delle eroiche cretinerie per il gusto di leticare. Né si può ammettere un solo momento in cui la Polonia abbia rappresentato con successo il progresso o abbia fatto qualcosa di significativo dal punto di vista storico, se paragonata alla Russia... Fortunatamente, nel Rheinischen Zeitung, non abbiamo assunto alcun impegno positivo nei confronti della Polonia... In conclusione: rimuovere i polacchi in occidente, ingannarli con la promessa di Riga e Odessa e, se i russi dovessero mobilitarsi, allearsi con loro e costringere i polacchi a cedere. Ogni centimetro della frontiera tra Memel e Cracovia che cediamo ai polacchi rovinerà completamente dal punto di vista militare questo confine già miseramente debole, e lascerà scoperta l'intera costa baltica fino a Stettino [*Szczecin*]." - Riazanov, p. 184, "*Karl Marx und Engels über die Polenfrage*", Archive f.d.Ge.D.Soz.B.6.

Lo stesso fronte comprenderà tutti i popoli oppressi della terra [*alle unterdrückten Völker der Erde*]. Anziché attuare una politica coloniale, la Germania dovrà porsi a capo della "Lega delle nazioni oppresse"‡.

Queste sono le nostre prime linee politiche - il tutto mentre il NSDAP guarda con favore all'Inghilterra per "affinità razziale", si dimostra pieno di risentimento e romanticismo, propone una politica anti-russa con un atteggiamento asservito al capitalismo, e porta avanti la sua esclusiva politica filo-italiana da cui traspare un'ossessione dogmatica.

Così sono questi oggi i fronti nel mondo, creati dalla lotta di classe tra le nazioni.

La politica estera di un *Volk* è invariabilmente condizionata almeno in parte da tale lotta; ciò che gli altri fanno o non fanno non è mai una dottrina, ma sempre una questione di opportunità[69]. Quindi questa politica non può essere portata avanti da una Germania di Hindenburg o di Hitler, ma può scaturire solo da una Germania rivoluzionaria.

NOTE DEL TRADUTTORE

* Paetel cita la lettera di dimissioni di **Brockdorff-Rantzau** al presidente Ebert del 20 giugno 1919: *"L'adesione chiara e inequivocabile a una politica di autodeterminazione democratica e di giustizia sociale sarà in futuro la ragion d'essere del popolo tedesco; questa ragion d'essere e la dichiarazione di guerra senza compromessi contro il capitalismo e l'imperialismo, la cui opera è la proposta di pace dei nostri nemici [Versailles], gli garantiranno un grande futuro".*

---

69 I patti di non aggressione della Russia sono davvero tutt'altro che gratificanti per la Germania, ma sono completamente imputabili alla politica estera tedesca orientata verso occidente. Solo una Germania socialista pronta all'alleanza è in grado di liquidarli.

† Paetel sta citando un'osservazione che il generale **Helmuth von Moltke il Vecchio** fece nella sua opera del 1841 *"Die Westliche Grenzfrage"*, un saggio su Don Dietrich, sindaco di Strasburgo. Von Moltke il Vecchio fu un'importante figura militare della Germania – Capo di stato maggiore prussiano e tedesco, fu responsabile di una serie di vittorie militari tra la metà e la fine del XIX secolo e diede un significativo contributo intellettuale ai campi della strategia e della teoria militari.

‡ La 'Lega delle nazioni oppresse' (a volte 'Lega dei popoli oppressi' – Paetel in tedesco utilizza *"Bund der unterdrückten Nationen"*) **era un approccio alternativo alla politica estera sostenuto in alcuni circoli del movimento nazionalista.** In contrasto con l'idea di una politica coloniale (rivolta sia alle vecchie acquisizioni della Germania in Africa e Oceania, sia verso "l'Est"), **i sostenitori di una "Lega" affermavano invece che la Germania, in quanto vittima dell'"imperialismo occidentale" (cioè del Trattato di Versailles), avrebbe dovuto formare un'alleanza internazionale con altri Paesi "oppressi", unendo così le "nazioni proletarie" del mondo contro le "nazioni plutocratiche" dell'Occidente.** Generalmente il concetto di "Lega" includeva quei popoli e nazioni all'epoca colonizzati dalle potenze occidentali, come ad esempio **Cina** ed **Egitto, con l'implicazione che il sostegno della Germania ai movimenti di liberazione nazionale non europei avrebbe avuto quindi l'ulteriore effetto di indebolire la forza di nazioni imperialiste come Gran Bretagna e Francia.** Un'altra implicazione, ammessa apertamente da Paetel, è che la Germania sarebbe stata un leader naturale per un gruppo del genere. Questa idea aveva una storia abbastanza lunga – Hitler ne parlò in maniera sprezzante nel *"Mein Kampf"*, affermando che era un argomento di discussione popolare tra i *völkisch* nel periodo 1920-21. **Anche Gregor Strasser sostenne la causa di una "Lega" fino a quando le sue convinzioni in politica estera iniziarono a cambiare dopo il 1926, e tale idea continuò a rimanere popolare tra i nazionalisti antimperialisti, come ad esempio nei circoli riuniti intorno a Otto Strasser ed Ernst Niekisch.**

LA NUOVA FEDE

Brüning, giustamente descritto come il più grande cancelliere tedesco dai tempi di Bismarck, ha governato non solo in virtù della leva burocratica e organizzativa dello Stato che rappresentava, e non solo perché il capitale finanziario gli ha concesso tutto il suo sostegno come solido difensore della rivoluzione sociale. Questo cancelliere romano della nazione tedesca è stato il padrone della Germania perché è uno dei pochi uomini dei nostri giorni che vive di fede, che agisce per fede, e che è sostenuto da una realtà spirituale: la fede nella Roma eterna. E la fede può sempre e solo essere vinta da una nuova fede, mai per negazione, né per scetticismo.

La Roma eterna scomparirà dalle regioni tedesche solo quando la fede nella Germania eterna la sostituirà.

Roma, e con essa tutta la cristianità occidentale, può affrontare con la massima tranquillità il banale pseudo-illuminismo dei circoli di libero pensiero, o l'invettiva insipida diretta contro il sacerdozio. In virtù della sua fede, essa sarà in grado di dominare tali tendenze meramente "anti".

Eppure, con tutta l'inquietudine e i turbamenti odierni, Roma deve già confrontarsi con l'inizio di una nuova fede, l'approssimarsi di un rinascimento tedesco. E così è comprensibile se, ad esempio, le opere di Rudolf Pannwitz o Stefan George[70] vengono bollate come pericolose dai circoli

---

70 Alfred Döblin, nella sua opera *"Wissen und Verändern"*, ironizza sulla statura di George con alcune osservazioni insolenti; un certo Leschnitzer lo commenta con arroganti glosse marxiste; Ewalt, seguace di **Hörsing§**, nella sua opera *"George oder Spitteler"* afferma che le sue "ridicole vedute ristrette" costituiscono una "confutazione" sufficiente; tutto questo non ci dice nulla su George, ma parecchio sui suoi critici. Se si vogliono rigettare le sue tesi, lo si faccia almeno sullo stesso livello di Friedrich Franz von Unruh. ("*Neue*

intellettuali cristiani contro cui Ludwig Klages si è aspramente
battuto*; e se, ai margini della politica odierna, i tentativi ancora
incompiuti dei circoli riuniti intorno a Ludendorff† di lavorare su
una nuova fede tedesca trovano come risposta ostilità e
denigrazione sprezzante.

Qui, dove risplende il profilo di un nuovo paganesimo, una
nuova religiosità cosmica centrata sul sangue, sul suolo e sulla
razza, radicata nel respiro divino della vita terrena - qui i primi
colpi d'ascia si abbattono sull'edificio della fede orientale che
acceca le persone.

E se il nazionalismo tedesco ha un profondo senso spirituale e
religioso, allora è quello (come Rosenberg ha riconosciuto ma
poi ritrattato sotto la pressione del suo "maestro" cattolico‡) di
un'insurrezione da parte dello stile di vita germanico, avvelenato
e represso sin dai tempi di Carlo Magno massacratore dei
Sassoni, contro l'infiltrazione straniera del cristianesimo.

Il nuovo paganesimo, la rinascita di una fede tedesca, sarà la
giustificazione vivente e la fonte di potere della rivoluzione
tedesca.

**Solo se si riesce a richiamare gli Dei a casa la missione di
unire forma, fede e sangue sarà messa in moto.**

C'è ancora poco da dire oggi riguardo al suo contenuto effettivo.
Ma una cosa deve essere chiarita in un periodo in cui la
cristianizzazione della politica di Wilhelm Stapel è sempre più
insistentemente elogiata come la teologia del nuovo
nazionalismo, e dove la penna affilata di Hans Blüher è
purtroppo e sempre più evidentemente messa al servizio della
rigenerazione cristiana[71]: la politica ha stabilito ancora una volta
le proprie leggi all'interno della fede tedesca.

L'etica non rientra in questo campo, e non ha neanche alcun
interesse a rientrarvi.

Rundschau", Ottobre 1932).

71 W. Stapel, *"Der Christliche Staatsmann"*.
H. Blüher, *"Aufstand Israels gegen die christlichen Güter"*, "Hanseatic
Verlagsanstalt".

Vale la pena ripetere:

La trasformazione tedesca che vediamo oggi è influente in tutti i settori.
Essa modella il nostro secolo politicamente, economicamente, culturalmente; trasforma l'individuo nella sua struttura spirituale e nel suo atteggiamento nei confronti di ciò che lo circonda. Questa rivoluzione tedesca è quindi di per sé una grande totalità, che comprende l'intera vita e si afferma in ogni aspetto di essa; nella sua essenza non è solo una lotta religiosa contro una Chiesa insensibile, corrotta e distorta, ma anche una guerra senza compromessi contro la sostanza essenziale del cristianesimo, che di fondo è estranea e disastrosa per la natura tedesca. Dobbiamo cogliere l'osservazione spietata di Ludendorff secondo cui "il _cristianesimo è il veleno con cui i popoli muoiono [die Völker sterben]_", e iniziare a riconoscere la tendenza politica della "linea maggioritaria" come l'avversario più pericoloso.

Spesso, tuttavia, un malinteso fatale si genera nella risoluzione dei problemi religiosi, fondendoli in modo insoddisfacente con il compito politico.
La rinascita della vita religiosa del nostro tempo e il compimento della missione politica tedesca sono due cose che richiedono una separazione chiara e netta!

E colui che è chiamato principalmente all'una, non ha alcun interesse ad applicare le valutazioni di quel compito al campo dell'altra. Chi è partecipe di entrambe può trarne forza, ma non può distorcere i confini che ci sono tra esse. Qui è necessaria una netta divisione.

E anche autocontrollo e cautela.

Dalla lotta di oggi cerchiamo di plasmare il _Reich_ tedesco di domani, in tutti i campi dell'attività umana. Questo è il nostro compito. La sua garanzia è il socialismo. La sua promessa _Gestalt_ è l'unità politica di una Nazione libera. Il suo percorso è la lotta per il potere, la rivoluzione. Su questa strada lo slogan della "parrocchia ventura di coloro che temono l'Eterno" non trova posto.**

Il Regno di Dio e il Regno degli Dei richiedono entrambi sacrificio e prontezza.

"Il Suo Regno non è di questo mondo. Tuttavia, non è più grande del Sacro Regno della Terra, è solo un altro Regno! La tua fede in Dio non deve interrompere il tuo servizio agli Dei; mentre entri attraverso Dio nel Regno che non è di questo mondo, hai ancora bisogno degli Dei, in modo che il Regno di questa Terra non perisca! E ora sai cosa significa essere un ospite di due Regni, un vagabondo tra i due mondi, avere una parte nelle grazie di ciascuno, grazie che agiscono entrambe come collegamenti con le forze della vita!"[72]

È proprio questo che deve essere riconosciuto da coloro che partecipano alla grazia di conoscere entrambi i mondi, e solo loro alla fine saranno in grado di assumersi la responsabilità della loro decisione. È la loro tragedia personale assistere all'impossibilità dell'incontro tra i due mondi.

Guai a loro se coloro che sono ospiti di entrambi i regni, vagabondi tra i due mondi, cercano incautamente di infrangere i confini tra essi; se vogliono sostituire i valori politici, sovra-personali e collettivi di libertà e volontà di potenza con le ingiurie cristiane del Sermone della montagna; o se adulterano lo slogan "tutto per la Germania" con l'*addendum* "la Germania per Cristo".

La trasformazione religiosa del nostro *Volk* e dell'intero mondo occidentale va di pari passo con la sua ristrutturazione politica: il popolo sacerdotale responsabile del primo, quello eroico del secondo.

Entrambe le cose sono un compito posto davanti agli uomini del nostro tipo. Ogni uomo deve sentirne la vocazione, quella che lo chiama prima di ogni cosa.

E chi ha il senso di tutte e due non deve perdere di vista l'autonomia di entrambi questi processi, altrimenti finirà per tradire ciascuno di essi. Lo afferma anche Max Weber††, e la sua

---

72 G.S. Faber, *"Leonardo"*, Voggenreiter, Potsdam.

è una conclusione pratica che dimostra la validità di questa realizzazione nella vita di tutti i giorni:

"Ogni agire orientato in senso etico può essere ricondotto a due massime fondamentalmente diverse l'una dall'altra e inconciliabilmente opposte: può cioè orientarsi nel senso di un'"etica dei princìpi" o di un' "etica della responsabilità" (cioè, può essere dettato dal "Regno di Dio" o dal "Regno di questo mondo").

"L'etica assoluta dell'uomo religioso non mette in discussione le conseguenze dannose dell'azione" (cioè, ha esclusivamente a che fare con la purezza dell'anima).

"Per il politico, tuttavia, vale il seguente precetto: devi resistere al male con la violenza, altrimenti sarai responsabile della vittoria del male".

"Anche i primi cristiani sapevano molto bene che il mondo è governato da demoni, e che chi ha a che fare con la politica, vale a dire con la potenza e con la violenza, stringe un patto con potenze diaboliche e che, per ciò che riguarda il suo agire, non è vero che dal bene può derivare solo il bene e dal male solo il male, ma spesso accade il contrario. Chi non lo vede, è di fatto politicamente immaturo".

Il nazionalismo richiede un'azione politica. La parola d'ordine è Germania, solo Germania.

Per questo obiettivo siamo pronti a rinunciare a tutto, anche alla nostra purezza e perfino, religiosamente, alla nostra stessa salvezza; pronti a diventare colpevoli - per il conseguimento dell'obiettivo finale.

E solo coloro che sono pronti a compiere questo sacrificio di sé, solo loro possono essere coinvolti nella politica. Perché solo loro possono avanzare richieste.

Il sacerdote, tuttavia, in quanto responsabile della costruzione della fede futura, deve rimanere egli stesso puro. Entrambe queste categorie seguono un destino divinamente ordinato.

Chi come persona vive religiosamente, deve essere consapevole di questa divisione e cercare di risolverla all'interno della propria vita. Ma ancora una volta: non bisogna confondere i due piani quando si agisce!

"Ognuno deve servire questi due padroni, perché è umano - e quando ne abbandona uno, riceve una spina nella carne!" (dal *"Leonardo"* di G.S. Faber)‡‡

Solo allora costui sarà in grado di plasmare la politica tedesca.

E questa è la situazione odierna.

Uno verrà quando l'ora sarà matura e sarà la Misericordia.

L'altro, invece, è il Dovere.

Ma non accetteremo mai la rivendicazione del diritto assoluto del cristianesimo, che per sua stessa natura deve elevare ed esaltare, come mostrata ad esempio nel periodico cattolico "Hochland"§§:

"…Quindi, contro l'idea nazionale come unico atteggiamento possibile, la prima priorità è la conservazione della religione cristiana e l'intima comunione di tutti i cristiani; solo in seguito viene la conservazione delle singole nazionalità, il che significa che anche le cose di valore relativamente minore, essendo appunto di valore minore, devono cedere il passo se mettono in pericolo il valore senza pari del cristianesimo".

"Si deve sempre tenere presente, tuttavia, che sebbene possa non essere compito del cristianesimo preservare la nazionalità, l'orientamento del cristianesimo sarà sempre quello di sostenere i preziosi beni della nazione".

"Ciò che è vero per l'idea nazionale vale anche per le culture; esse non sono un fattore autonomo separato e indipendente dal cristianesimo, ma un tutto subordinato e dipendente sussunto all'interno dell'idea cristiana nel suo complesso".

Qui non può esserci alcun ponte - qui vale solo la guerra!

NOTE DEL TRADUTTORE

* **Rudolf Pannwitz, Stefan George, e Ludwig Klages** erano tutti scrittori tedeschi. Pannwitz e George erano poeti, Klages filosofo e psicologo. Pannwitz era di sinistra, mentre George e Klages avevano entrambi una visione affine alla Rivoluzione conservatrice - George sosteneva un tipo di elitismo spirituale, mentre gli scritti di Klages si incentrarono perlopiù sula critica di morale e modernità. Tutti e tre erano ostili al NSDAP, anche se le idee di George e Klages ebbero qualche influenza sulla filosofia nazionalsocialista.

† **Un riferimento al '*Deutschvolk*', un'organizzazione *völkisch* religiosa fondata dal generale Ludendorff e da sua moglie Mathilde, concepita come controparte spirituale del loro movimento politico, il '*Tannenbergbund*'.** Il *Deutschvolk* sosteneva una visione religiosa del mondo che fosse aggressivamente anti-cristiana e panteistica, e in cui la Fede e la Razza venivano considerate indissolubilmente legate - per gli aderenti al *Deutschvolk*, la religiosità si ereditava tramite il sangue, con il folklore e le tradizioni che costituivano l'espressione spirituale di un'intrinseca fede razziale. Il *Deutschvolk* fu bandito nel 1933, ma venne rifondato nel 1937 come '***Bund für Deutsche Gotterkenntnis***' ('Associazione tedesca per la conoscenza di Dio'), che ancora oggi è un movimento religioso attivo, se pur assai minoritario, in Germania.

‡ **Il "maestro cattolico" a cui Paetel si riferisce è Hitler,** un riferimento sia alla religione professata dalla famiglia in cui Hitler era nato sia alla **controversia causata nel 1930 dalla pubblicazione dell'opera di Alfred Rosenberg "*Il mito del XX secolo*".** L'opera di Rosenberg è un'ampia rassegna delle radici storiche e filosofiche della visione del mondo nazionalsocialista, in cui il 'mito' del sangue (la razza) è visto come forza trainante della civiltà. La sua visione critica del cristianesimo causò delle

controversie con alcune sezioni del NSDAP, e attirò anche critiche da importanti figure religiose sia cattoliche che protestanti, che citavano quest'opera come prova del fatto che il Nazionalsocialismo fosse un movimento ateo o pagano. Lo stesso Rosenberg rispose alle controversie con alcuni articoli tesi a giustificare le sue posizioni e confutare alcune delle critiche più inaccurate o bizzarre. Nelle sue memorie, scritte mentre era imprigionato dopo la fine della seconda guerra mondiale, fu chiaro riguardo le difficoltà che il suo libro creò al partito: "...dal punto di vista dell'alta opportunità politica, io costituivo un peso per il movimento".

§ **Otto Hörsing, era un politico social-democratico.** Nel 1924 Hörsing fondò il *"Reichsbanner Schwarz-Rot-Gold"*, un'organizzazione pro-repubblicana e pro-democratica concepita per agire come una contromisura alle varie milizie paramilitari sia nazionaliste che comuniste. Anche se nominalmente era una forza trasversale, in realtà il *Reichsbanner* era saldamente controllato dai social-democratici, e servì ampiamente come forza di protezione per il partito social-democratico. Hörsing, come molti social-democratici, visse difficoltà considerevoli dopo il 1933, e mantenne i contatti con le correnti sotterranee social-democratiche. Morì nel 1937.

** **Probabilmente un riferimento alla 'Lega di Köngener'** (**'*Bund der Köngener*'), un'associazione cristiana alternativa e non tradizionalista** che per un certo periodo ebbe forti legami organizzativi con la *Deutsche Freischar*, del quale Paetel era stato un membro di spicco. **La "Parrocchia ventura" ('*Die kommende Gemeinde*')** era uno dei giornali della Lega, ed era da essa utilizzato come slogan. La Lega, sotto la direzione del suo leader Jakob Hauer, iniziò a distanziarsi dalla teologia cristiana all'inizio degli anni '30. Nel 1933 Hauer fondò il "Movimento per la fede tedesca", che aveva l'obiettivo di sostituire completamente il cristianesimo con una fede ariano-germanica nazionalsocialista. Questa mossa comportò un'inevitabile scissione dalla Lega, alcuni dei cui membri seguirono Hauer nella sua nuova organizzazione spirituale.

†† **Max Weber** fu un sociologo ed economista tedesco le cui opere divennero particolarmente influenti nell'era successiva alla seconda guerra mondiale. Qua Paetel riporta una citazione dal saggio di Weber del 1918 *"La politica come professione"* (*"Politics als Beruf"*), che tratta la concezione che aveva Weber di Stato, comando e legittimità politica.

‡‡ L'opera *"Leonardo"* citata da Paetel fu scritta da **G.S. Faber**, un teologo inglese. Questa citazione in particolare è un riferimento biblico, più precisamente a 2 Corinzi 12:7-9: *"E perché io non avessi a insuperbire per l'eccellenza delle rivelazioni, mi è stata messa una spina nella carne, un angelo di Satana, per schiaffeggiarmi affinché io non insuperbisca"*. Ricevere "una spina nella carne" vuol dire essere colpiti da una disgrazia, una sorta di ordalia da parte di Dio. In tedesco è *"den Pfahl im Fleisch"*, un "paletto nella carne" – il termine "paletto" è apparentemente usato anche nella versione originale redatta in greco.

§§ **L'***"Hochland"* **era una pubblicazione culturale cattolica**, una delle principali nella Germania del primo dopoguerra. Rappresentava una prospettiva cattolica più 'liberale' di quelle che si potevano ritrovare in alcuni elementi del *Zentrum*, e la maggior parte dei suoi contributori più conosciuti supportava la democrazia e la repubblica di Weimar. Nonostante le sue posizioni, il giornale riuscì a non essere bandito dal regime nazionalsocialista fino al 1941.

L'ORDINE DELLA NAZIONE

Chi si batte oggi per la nazione attraverso la rivoluzione socialista non può - per i motivi qui esposti - mirare alla distruzione del partito di massa marxista, né ad un "accordo con il marxismo" dall'esterno. Probabilmente egli può ben credere che la realtà *völkisch* permei l'atto rivoluzionario, al contrario di altre dottrine false o semi-vere, come la Russia mostra essere una possibilità concreta; dovrà lasciare quel giudizio, però, alla vita e alle sue leggi.

Il marxismo rivoluzionario sta già marciando per la rivoluzione e il socialismo. **Il nuovo ordine che emergerà dall'onda di questo sconvolgimento sarà, a nostro avviso, non l'umanità universale predetta dai suoi teorici, ma la comunità degli Stati socialisti e sovrani.**

Non il sentiero, ma l'indicazione è sbagliata.

Le forze opposte, impegnate sotto le bandiere rosse con la svastica in una lotta decennale per "la libertà e il pane" con tutto il fervore del loro cuore, e che con ardente fede si pongono allo stesso modo nel campo militante della Rivoluzione tedesca, devono essere slegate dalle loro camicie di forza fasciste e semi-fasciste. **Coinvolgerli insieme ai battaglioni rossi nella marcia verso la decisiva battaglia per una Germania socialista resta il compito del comunismo nazionalista.** Dovrà rivelarsi a loro.

Ciò, tuttavia, non includerà mai quelle masse che oggi seguono il "tamburino" di Braunau: esse si aspettano solo la salvezza dell'esistenza piccolo borghese. Gli indispensabili saranno invece i pochi, i socialisti, gli attivisti, il *Volk* proletarizzato, per i quali la lotta di classe della nazione non rientra mai nella sfera privata; saranno i combattenti ricercati dal fronte hitleriano. Tutto dipende da loro. **Formarli come un Ordine della nazione, inestricabilmente fedele alla parola d'ordine della Germania eterna - appartenente solo ad essa, in volontaria fedeltà alla bandiera rossa con martello, falce e spada**; impegnato sul fronte politico di operai, contadini e soldati, come forza speciale della rivolta nazionale in Germania. Questo è ciò che deve essere fatto: il dovere del nazionalismo rivoluzionario deve compiersi mediante un lavoro infinitamente dettagliato.

Una base di massa - in parallelo con il NSDAP - per un compito del genere è naturalmente impossibile.

Tuttavia uno dei presupposti che il comunismo nazionale è in grado di risolvere:

l'unificazione dei gruppi nazional-rivoluzionari che rappresenta!

E con la presente chiediamo all'opinione pubblica tedesca che i gruppi, i leader e i circoli della Germania odierna che occupano ideologicamente e praticamente le posizioni combattenti delineate in questo ampio schema mettano finalmente da parte tutte le riserve personali e organizzative e, invece di elucubrare varie sfumature delle tesi qui descritte, facciano passi concreti in direzione di una cooperazione pratica.

Chiamiamo:

Werner Lass e la **Lega dei Confederati**,

Jupp Hoven e la **Lega dei Giovani Prussiani**

Ernst Niekisch e la cerchia *Widerstand*,

Rolf König e lo *Jungen Kämpfer*,

G. Schild e il **Movimento di combattimento socialista tedesco**,

chiamiamo:

il *Kommenden* e il circolo riunito attorno a **Friedrich Hielscher** e al suo *Reich*,

chiamiamo:

i *Graue Korps* e il *Gegner*, [si vedano le note a fine capitolo per un approfondimento sugli individui e i gruppi citati NdT]

a occuparsi, insieme a noi e a tutti i gruppi e gli individui che condividono queste posizioni fondamentali, dei preparativi per la formazione un movimento comunista nazionale unificato.

Alla larga dalla simpatia o dall'antipatia dei capi,

alla larga dall'egoismo organizzativo di ogni tipo,

alla larga dalla teoria puntigliosa,

la natura della risposta a questa richiesta - presentata a nome di un numero illimitato di simpatizzanti - potrà dimostrare la durezza della nostra volontà e l'autenticità della nostra decisione[73].

NOTE DEL TRADUTTORE

Werner Lass era un giornalista tedesco, ex nazionalsocialista (fu espulso dal NSDAP nel 1929 per il mancato pagamento della tassa d'iscrizione al partito) e figura di spicco all'interno del Movimento giovanile tedesco. Il suo gruppo *"Bund der Eidgenossen"* ("Lega dei Confederati") venne fondato nel 1929 non molto tempo dopo la sua fuoriuscita dal NSDAP, **e sosteneva un "nuovo nazionalismo e socialismo tedesco" adottando una linea dichiaratamente nazional-bolscevica.** Lass e gli *Eidgenossen* svilupparono legami con il KPD e con il Partito Comunista d'Opposizione, nonché con **Jünger**, **Paetel** ed

---

73 Il *"Vorkämpfer"* ["Campione"] si è purtroppo escluso da questa comunità di combattenti attraverso la sua capitolazione al KPD, pubblicata nel gennaio 1933. Deplorevole non tanto per la decisione politica, che rimane lodevole, ma piuttosto per la forma con cui essa è stata espressa.

alcuni elementi del **NSDAP**. Arrestato all'inizio del 1933 per possesso di esplosivi, Lass tornò in seguito nel campo nazionalsocialista, lavorando per un certo periodo all'ufficio stampa del *Reich*. Sopravvisse alla guerra e morì negli anni '90.

La "Lega dei Giovani Prussiani" ("*Jungpreußischer Bund*") era un gruppo giovanile che si era originariamente separato dallo *Schilljugend*, un'organizzazione *bündische* con forti legami con i *Freikorps*. Era un'altra organizzazione nazionale bolscevica minore che, come quella di **Paetel**, sostenne la candidatura alla presidenza del leader del KPD **Ernst Thälmann** nel 1932. **Jupp Hoven**, uno dei suoi leader, stabilì legami all'inizio degli anni '30 con i nazionalisti rivoluzionari (compresa l'IRA) in Irlanda. Successivamente, durante gli anni dello stato nazionalsocialista, lavorò come agente di spionaggio per l'*Abwehr* (intelligence militare) nelle isole britanniche, utilizzando i suoi legami con i gruppi irlandesi per raccogliere informazioni per il governo tedesco.

Ernst Niekisch è oggi uno dei più noti nazional-bolscevichi, anche se non ha mai usato questo termine per descrivere se stesso. Niekisch ha iniziato la sua carriera politica come socialdemocratico, scrivendo per riviste socialiste e lavorando come segretario nell'Unione dei lavoratori tessili. All'inizio degli anni '20 iniziò ad adottare una posizione più nettamente nazionalista, che lo portò a contatto con il circolo *Hofgeismarer*. Le posizioni nazionaliste di Niekisch comportarono le sue dimissioni dal Partito socialdemocratico; divenne quindi per breve tempo leader ideologico, insieme ad **August Winnig**, del nazionalista-sociale-democratico **Vecchio Partito Social-Democratico di Sassonia**. Dal 1926 in poi Niekisch iniziò a pubblicare "*Widerstand*" ("*Resistenza*"), la "rivista di politica Nazional-rivoluzionaria".
Niekisch la utilizzò come piattaforma per sostenere una posizione radicale nazionalista e anticapitalista, che fondeva la venerazione dei valori prussiani (come il militarismo e la disciplina) con un profondo odio per gli effetti di sfruttamento del capitalismo. "*Widerstand*" attirò numerosi e

importanti autori nazional-rivoluzionari che divennero noti come il "circolo *Widerstand*": **Ernst Jünger, Friedrich Georg Jünger, Ernst von Salomon, Arnolt Bronnen, Hartmutt Plaas,** e altri ancora. **Widerstand fu bandito nel 1934 e Niekisch arrestato. In prigione venne torturato così terribilmente che la sua vista fu permanentemente danneggiata.** Liberato dall'Armata Rossa nel 1945, si riconvertì al marxismo e prese posto nella *Volkskammer* (Parlamento) della Germania dell'Est. Alla fine, tuttavia, rimase deluso dalla DDR, in particolare a seguito della soppressione dei moti operai del 1953, e nel 1963 abbandonò il Paese per vivere nella Germania occidentale.

Il *Junge Kämpfer* (**"Giovane combattente"**) **di Rolf König** era una piccola rivista politica social-nazionalista con legami con la **"Comunità combattente dei rivoluzionari tedeschi"**, un gruppo scissionista della "Comunità combattente dei rivoluzionari nazional-socialisti" di **Otto Strasser**.

Il **"Movimento di combattimento socialista tedesco"** (**"*Deutsche Sozialistische Kampfbewegung*", DSKB**) venne fondato nel dicembre 1931 da **Gotthard Schild**, ex seguace di Otto Strasser e consigliere distrettuale del NSDAP a Wedding (un distretto di lavoro a Berlino, conosciuto colloquialmente come 'Wedding rosso' a causa della sua reputazione di roccaforte comunista). La DSKB si posizionò verso l'estremità più radicale dello spettro politico nazionalsocialista, chiedendo l'istituzione di un governo dei Consigli, un'economia socialista pianificata, l'autarchia, il monopolio di Stato sul commercio estero e la separazione tra Chiesa e Stato. Secondo il loro programma, l'industria e la terra dovevano essere socializzate, mentre le piccole imprese e i contadini sarebbero rimasti intoccati. **Il DSKB raggiunse la sua più grande quota di notorietà quando il suo leader tentò di citare in giudizio Adolf Hitler per frode riguardo l'uso del termine "socialismo" da parte del NSDAP.** Dopo il 1933 Schild fu imprigionato dal regime nazionalsocialista, prima di riuscire a fuggire in Inghilterra.

Il *"Kommenden"* (*"La venuta"*) era un settimanale associato al segmento nazionalista del Movimento giovanile che si posizionava contro il liberalismo, la reazione e il capitalismo, ed era a sostegno di un nazionalismo rivoluzionario in sintonia con il proletariato. In vari punti il "*Kommenden*" venne curato da **Ernst Jünger, Werner Lass e Paetel**.

Friedrich Hielscher era un importante intellettuale conservatore-rivoluzionario, particolarmente noto per le sue teorie religiose dettagliate e complesse. Scrisse un'opera filosofica ben considerata, ***"Das Reich"***, e a partire dal 1930 pubblicò un giornale intellettuale con lo stesso nome.

"Das Graue Korps" (*"I Corpi grigi"*) era un altro giornale social-nazionalista del Movimento giovanile. Il *"Gegner"* (*"Avversario"*) era una rivista letteraria fondata dallo **scrittore comunista Franz Jung** e curata dal membro dell'**Ordine dei Giovani Tedeschi Harro Schulze-Boysen**. Boysen fu successivamente giustiziato durante la seconda guerra mondiale per il suo coinvolgimento nel movimento di opposizione dell'**Orchestra Rossa**. "*Gegner*" era più liberale nel suo orientamento rispetto alle altre pubblicazioni e gruppi che Paetel ha elencato qui, ma nondimeno mostrava qualità nazionaliste e aveva alcuni legami organizzativi con scrittori e intellettuali nazional-rivoluzionari.

POSSIAMO ASPETTARE

Siamo diventati scettici nei confronti dei molti "strateghi rivoluzionari" che hanno frettolosamente predetto la rivoluzione tedesca.

È vero, le premesse oggettive per conseguirla sono effettivamente presenti in questo periodo di crisi economica sempre più evidente.
Ma mancano tutti i presupposti più soggettivi. **La sola fame non è sufficiente.**

Oggi non c'è nessuna forza dinamica in Germania che agisca da motore della rivoluzione; questo, per quanto amaro possa essere, deve essere riconosciuto.

Alcuni saranno scoraggiati,
alcuni a causa di ciò si smarriranno.
Non hanno importanza.

In Germania oggi l'avvenire spetta alle poche migliaia di giovani che possono permettersi di aspettare, e che accesi del mito della Germania possono prepararsi per il giorno in cui il nascente

Ordine della Nazione

sarà chiaramente manifesto, e isseranno così lo stendardo della Germania eterna che è stato ripiegato dai loro padri, formando le colonne del comunismo nazionalista tedesco nel campo della rivoluzione.

Ci chiamano! Queste pagine sono per loro.

Appartengono a noi.

Siamo certi che troveranno la loro strada per raggiungerci.

PARTE II

PAETEL E IL NAZIONAL-BOLSCEVISMO

PAETEL E LA SINISTRA SOCIAL-RIVOLUZIONARIA DEL NSDAP

Come i lettori di questo volume già sapranno, **Karl Otto Paetel** è oggi più noto per il suo *"Manifesto Nazional Bolscevico"* del **1933**. Il Manifesto è stato scritto in un periodo in cui Paetel era leader del "Gruppo dei nazionalisti social-rivoluzionari" (GSRN), un'organizzazione che, ispirata al programma "nazional-comunista" del Partito Comunista di Germania (KPD) del 1930 e a riviste nazionaliste come *"Aufbruch"*, incentrava gran parte del suo attivismo sull'incoraggiare i nazionalisti a creare legami con la sinistra rivoluzionaria. **L'orientamento fortemente pro-comunista del GSRN derivava in parte da precedenti tentativi infruttuosi di Paetel di riformare il movimento nazionalsocialista.** Prima che il GSRN fosse fondato nel giorno dell'Ascensione del 1930, Paetel era coinvolto in un gruppo informale chiamato *"Arbeitsring Junge Front"*. Pur essendo ancora concentrato sulla promozione della **cooperazione tra sinistra e destra**, il Fronte dei Giovani all'epoca **considerava il NSDAP (Partito Nazionalsocialista Tedesco dei Lavoratori) come la fonte primaria di un potenziale cambiamento social-rivoluzionario, indirizzando la maggior parte delle sue energie verso il sostegno all'opposizione di "sinistra" all'interno del NSDAP** e incoraggiando il dibattito interno al partito riguardo alle sue politiche e orientamenti. Fu a questo scopo che Paetel e altri membri dell'*Arbeitsring Junge Front* scrissero la breve bozza del programma riprodotto di seguito. Si potrebbe definire una versione rivista dei **25 punti originali del NSDAP** (alcuni elementi sono letteralmente identici), anche se il progetto di programma del Fronte dei Giovani era più esplicitamente social-rivoluzionario, comprese le richieste di nazionalizzazione di massa, espropriazione della terra e alleanza tedesco-sovietica. Il programma fu distribuito clandestinamente per la prima volta al Congresso del Partito a Norimberga dell'agosto 1929, prima della sua pubblicazione formale sulla rivista nazionalista *"Das Junge Volk"* il 1° ottobre. Il documento, inevitabilmente, ebbe scarso impatto reale: nel maggio 1926, sulla scia della Conferenza di Bamberg, Hitler aveva già dichiarato ufficialmente "inalterabili" i 25 punti e il programma del Fronte non fece progressi nell'incoraggiare il dibattito tra le *leadership*. Tuttavia, generò dell'interesse tra alcuni membri della base del Partito Nazionalsocialista, portando a legami più forti con i membri del NSDAP, molti dei quali in seguito avrebbero formato il nucleo del GSRN.

*

Nazionalismo social-rivoluzionario:

una proposta per la revisione del programma del Partito Nazionalsocialista Tedesco dei Lavoratori (NSDAP)

Pubblicato per la prima volta in *"Das Junge Volk"*, XI, 1° ottobre 1929.

Il NSDAP è un partito nazionalista. Il suo obiettivo è la Nazione tedesca libera.

Il NSDAP è un partito socialista. Sa che la Nazione tedesca libera può sorgere solo attraverso la liberazione delle masse lavoratrici della Germania da ogni forma di sfruttamento e di oppressione.

Il NSDAP è un partito dei lavoratori. Professa la lotta di classe dei produttivi contro i parassiti di tutte le razze e di ogni credo.

Il NSDAP pertanto richiede:

1. L'integrazione di tutti i tedeschi, sulla base del diritto dei popoli all'autodeterminazione, in un Grande *Reich* tedesco;

2. Parità di *status* per il *Volk* tedesco con le altre nazioni; l'annullamento di tutti i trattati, obblighi e debiti del precedente governo capitalista;

3. Che solo chi è un compagno di popolo debba essere un cittadino, – i compagni di popolo possono essere solo quelli di sangue tedesco. Ebrei, Slavi, Latini [*Welsche*] non possono quindi essere cittadini tedeschi; i non cittadini sono da classificare come ospiti e assoggettati alla legislazione che disciplina gli stranieri;

4. Che il diritto di determinare la direzione e le leggi dello Stato possa essere concesso solo ai cittadini; pertanto, il NSDAP richiede che ogni ufficio pubblico di qualsiasi tipo, nel *Reich*, nello Stato o nel comune, possa essere occupato dai soli cittadini;

5. Eliminazione della struttura parlamentare corruttrice; realizzazione dell'autogoverno del *Volk* lavorativo sulla base delle imprese, con lo scioglimento e la distruzione dell'apparato organizzativo di tutte le parti; la forma organizzativa dell'autogoverno sia il Consiglio di Stato dei Popoli [*Volks-*

Rätestaat]; la struttura del Consiglio sia organizzata dal basso verso l'alto attraverso elezioni indirette delle formazioni consiliari;

6. Che lo Stato abbia l'obbligo soprattutto di provvedere alle opportunità lavorative e alle condizioni di vita dei suoi cittadini; se non è possibile sostenere l'intera popolazione del *Reich*, i membri di nazioni straniere (non cittadini) devono essere espulsi;

7. Che sia impedita ogni ulteriore immigrazione di non tedeschi; NSDAP esige che tutti i non tedeschi che sono immigrati in Germania dal 2 agosto 1914 in poi debbano essere costretti a lasciare immediatamente il *Reich*;

8. Che tutti i cittadini debbano avere uguali diritti e doveri;

9. Che il primo dovere dei cittadini debba essere quello di lavorare di concetto o fisicamente; l'attività del singolo non deve ledere gli interessi della collettività, ma deve svolgersi nell'ambito dell'insieme e a vantaggio di tutti; – il NSDAP pertanto richiede:

10. Abolizione dei redditi non guadagnati con lavoro e fatica, – Rottura della schiavitù degli interessi.

11. Trasferimento di tutte le risorse economiche del Paese all'interno della proprietà comune della Nazione;

12. Una soluzione alla questione fondiaria [*Landfrage*] adattata alle esigenze nazionali; nazionalizzazione di tutte le grandi e medie imprese, – insediamento immediato e cospicuo delle aree di confine spopolate a est, – remissione per i piccoli proprietari come Concessione del Reich(1);

13. Lotta spietata contro coloro che ledono l'interesse comune con le loro attività; i criminali contro il popolo [*Volksverbrecher*], usurai, estortori, eccetera, devono essere puniti con la morte, indipendentemente dal credo e dalla razza.

14. Sostituzione del diritto romano (privato), che serve l'ordine mondiale materialista e capitalista, con il diritto (comune) tedesco.

15. Espansione del nostro sistema educativo nazionale; insegnamento gratuito in tutte le scuole;

16. Guida statale per il miglioramento della salute pubblica; assistenza medica gratuita;

17. Abolizione dell'esercito mercenario e formazione di un esercito popolare(2);

18. Lotta legale contro le menzogne politiche deliberate e la loro diffusione a mezzo stampa;

19. Libertà per tutte le confessioni religiose, purché non mettano in pericolo l'esistenza della Repubblica del Consiglio Popolare [*Volks-Räte-Republik*] o violino le facoltà morali e i sentimenti della razza nordica; il NSDAP combatte lo spirito ebraico-materialista in tutte le sue manifestazioni, ed è convinto che un recupero duraturo del nostro *Volk* possa avvenire solo dall'interno, secondo il vecchio principio del diritto tedesco: interesse comune prima dell'interesse personale.

Il NSDAP è consapevole che le idee contenute in questi principi guida non possano essere realizzate senza un riassetto fondamentale dell'equilibrio di potere esistente. Poiché il controllo totale su tutte le risorse economiche della Germania oggi è nelle mani delle istituzioni del capitale finanziario internazionale, la rivoluzione nazionale stessa è indirizzata direttamente contro quel capitale finanziario internazionale. Ne consegue che ogni rivoluzione compiuta in Germania causerà l'immediata messa in azione di tutti gli strumenti di potere della Società delle Nazioni e dell'America contro lo Stato operaio e contadino tedesco.

Il primo compito della politica estera nazionalsocialista è, quindi, l'organizzazione della difesa rivoluzionaria contro le potenze imperialiste, l'alleanza con l'Unione Sovietica, e il sostegno a quei movimenti rivoluzionari in tutti i paesi del mondo che si pongono contro il capitale finanziario internazionale.

Sinistra Social-Rivoluzionaria del NSDAP

NOTE DEL TRADUTTORE

1) In tedesco *"**Reichserblehen**"*. Una *"concessione"* era una forma di proprietà stabilita in epoca feudale. Dichiarare un pezzo di terra "concesso" poneva restrizioni significative alla sua vendita o eredità, assicurando essenzialmente che la proprietà fosse mantenuta esclusivamente nelle mani di uno specifico gruppo familiare. Gli elementi anticapitalisti del movimento neo-nazionalista in Germania e in Austria tra le due guerre in genere si ispiravano a sistemi organizzativi pre-capitalisti e feudali; di conseguenza, l'idea di riesumare questa forma di proprietà in varie forme era abbastanza popolare. La proposta qui menzionata da Paetel era comune tra le fazioni di "sinistra" del NSDAP e nei gruppi nazional-bolscevichi e fascisti-corporativi: le fattorie e le medie e grandi imprese sarebbero nazionalizzate, mentre le piccole proprietà dei contadini sarebbero state dichiarate *"Reichserblehen"* e ne sarebbe stata legalmente proibita la vendita con la pena in questo caso di essere sottratte alla proprietà della famiglia contadina. Il governo nazionalsocialista in realtà finì per attuare una versione di questa politica con la sua legge sulle aziende agricole del *Reich* [*Reichserbhofgesetz*] del 29 settembre 1933.

2) Questa richiesta, come molte altre, è presa parola per parola dall'originale *"Programma in 25 punti del NSDAP"* del 1920. L'"esercito mercenario" [*Söldnertruppe*] a cui si fa riferimento è la *Reichswehr*, così chiamato in maniera derisoria perché "pagato dalla Repubblica". Sebbene molti individui all'interno della *Reichswehr* fossero rispettati dai nazionalsocialisti, la *Reichswehr* in quanto istituzione era vista come imperfetta, una forza mercenaria di soldati prezzolati che servivano i capricci del governo piuttosto che i bisogni della "Germania eterna". In opposizione alla *Reichswehr* il NSDAP propose invece un *"Volksheer"*, a volte tradotto come "esercito nazionale", sebbene "esercito del popolo" o "esercito popolare" siano probabilmente più indicativi dell'esatto significato del termine. Il *Volksheer* non sarebbe stato costituito da soldati professionisti pagati, ma avrebbe mobilitato l'intera popolazione attraverso la coscrizione, cosa vietata dal trattato di Versailles.

FRONTI CHIARI!

Il seguente saggio è stato scritto dall'intellettuale social-nazionalista Karl Otto Paetel nel breve periodo 1929-30, quando era organizzatore del **"Arbeitsring Junge Front"**, un gruppo di pressione informale il cui ideale guida era la promozione di legami più forti e una più stretta cooperazione tra gruppi radicali di estrema sinistra e di estrema destra. La maggior parte degli sforzi di propaganda del Fronte era concentrata sul NSDAP, un partito che Paetel e i suoi associati consideravano all'epoca il veicolo più promettente per il raggiungimento di una rivoluzione che sarebbe stata sia socialista che nazionalista. Sebbene Paetel non sia mai stato un membro del NSDAP, nondimeno mantenne stretti legami con esso durante questo periodo: molti dei suoi amici erano membri del ramo radicale di Berlino-Brandeburgo, e sia il Fronte dei Giovani che la sua organizzazione successiva (il "Gruppo dei nazionalisti social-rivoluzionari", fondato nel maggio 1930) attiravano gran parte dei loro membri dagli insoddisfatti del NSDAP appartenenti alla fazione di **Strasser**. Il rapporto di Paetel con i nazionalsocialisti era abbastanza forte da essere un frequente contributore alle pubblicazioni del partito, principalmente quelle pubblicate dalla casa editrice *Kampfverlag* di proprietà di Strasser. L'articolo riprodotto di seguito ne è un buon esempio, poiché la sua pubblicazione originale era nel *"National-sozialistiche Briefe"*, una rivista teorica di *Kampfverlag*. Pur non essendo tecnicamente una pubblicazione ufficiale del partito (il *Kampfverlag* e la sua produzione furono mantenuti formalmente indipendenti al fine di distanziare la loro associazione da Hitler) ll *"National-sozialistische Briefe"* era, accanto al *"National-sozialistische Monatshefte"* ufficiale, la principale pubblicazione intellettuale del movimento nazionalsocialista tedesco, ed è stata letta abbastanza ampiamente dai nazionalisti radicali. L'articolo di Paetel invita questi lettori a non "travisare" il "fronte" rosso e a riconoscere che il sistema, piuttosto che il Partito Comunista tedesco (KPD), è il vero nemico della rivoluzione tedesca. Le critiche dell'autore al KPD e la sua apparente fede nel NSDAP non dovevano durare. Entro la fine dell'anno, deluso dalla deriva "borghese" del NSDAP ed entusiasta dall'apparente corso "nazionalista" del KPD, Paetel si sarebbe avvicinato al KPD e avrebbe iniziato a sostenere una posizione più in linea con quella successivamente espressa nel suo *"Manifesto Nazional Bolscevico"*

*

Le coalizioni o gli accordi politici possono essere il prodotto di considerazioni razionali o di misure tattiche, ma possono anche essere forniti dalla situazione politica stessa. Le opinioni su altre forze politiche hanno un valore reale solo per un movimento che

163

in qualche modo sa di essere esponente di una filosofia spirituale fondamentale che è la caratteristica del suo tempo (perché solo in tali movimenti si può pensare di essere costretti alla politica), se sono in una certa misura già nell'aria e rappresentano la concretizzazione essenziale della sua conoscenza ideale.

Il socialismo tedesco si trova oggi di fronte a due di queste determinazioni. Sul piano interno, si trova di fronte al problema: come dovrebbe comportarsi se un giorno l'attività sovversiva del KPD, che è sempre più chiaramente svolta in conformità delle direttive di Mosca, tenterà di fomentare disordini da qualche parte come base per una rivoluzione proletaria, e allo stesso tempo i guardiani(1) di Weimar chiameranno giovani e armati a lottare per "pace e ordine", per affrontare il "bolscevismo", e così ancora una volta tirare fuori le castagne dal fuoco sotto le bandiere nero-bianco-rosse della dittatura di Weimar e Versailles?

Si dovrebbe essere decisamente chiari su una cosa: **se il nazionalismo social-rivoluzionario e il suo esponente per le masse, il NSDAP, seguirà questi slogan, allora avrà fallito nella sua missione storica che è quella di reintegrare i proletari sfrattati nel comune destino tedesco attuando un sistema socialista e corporativista, basato sulla natura tedesca, attraverso il conflitto della lotta di classe del lavoro contro il capitale internazionale e antinazionale.** Una falsa partenza nella politica interna in una situazione del genere - un esempio è il rispetto in qualsiasi circostanza degli slogan di "pace e ordine" - imprimerebbe invece una volta per tutte il marchio di Caino sui socialisti tedeschi, contrassegnandoli come creduloni o volenterosi portabandiera di quel capitale finanziario che domina il sistema attuale anche a giudizio del democratico Haas(2), e bloccando per sempre quell'accesso al proletariato produttivo che il socialismo richiede.

Lo stato di "ordine" in quanto tale non è mai stato prima un valore politico; **solo se c'è qualcosa di prezioso nella sostanza che vale la pena preservare, l'atteggiamento conservatore (= preservare la sostanza) ha il diritto di dominare l'anarchico, il distruttivo.** Ma oggi la situazione è chiaramente la seguente: dalle due "estremità" politiche - perché in esse la condizione dell'individuo è sentita più duramente in prima persona, a dimostrazione dell'impossibilità delle condizioni attuali - una tempesta si sta precipitando contro un sistema di infiltrazione straniera, di interessi capitalistici ed egoistici. **Quindi, se da una parte si tenta concretamente di portare la lotta al sistema, i suoi oppositori dall'altra non hanno il minimo interesse a proteggere questo "anti-stato"(3). La consapevolezza incredibilmente semplice che la democrazia liberale sopravvive oggi solo a causa del reciproco legame e lacerazione delle energie rivoluzionarie ha messo radici solo gradualmente, ma deve essere tenuta presente in ogni circostanza durante i momenti di azione della "sinistra".**

Non bisogna fraintenderci: siamo ben consapevoli che oggi in Germania con la "capocrazia" insensibile del KPD(4) (che è disposta a lanciare arbitrariamente e liberamente la rivoluzione il 15 di ogni mese secondo gli ordini di Mosca!) nessuna rivoluzione tedesca e nessuna rivoluzione socialista può essere raggiunta, anche in caso di emergenza. Tanto meno con gli autori della legge per la protezione della Repubblica(5). **Indipendentemente da ciò, questo fatto deve a tutti i costi impedirci di essere usati in modo improprio una seconda volta per fini che non sono i nostri, per uno Stato che odiamo tanto quanto le persone che stanno nelle barricate sotto la bandiera rossa. "Pronti alla battaglia!"(6). Questo può essere l'unico slogan per il nazionalismo tedesco in un momento del genere. E prontezza attiva per quel momento in cui facciamo nostra l'iniziativa degli oppressi, spazzando via la "capocrazia" di Mosca e cambiando rotta verso il socialismo tedesco, per vincere finalmente la rivoluzione tedesca, che**

sarà nazionalista e socialista. Non un uomo per questo sistema quando sorgono i suoi problemi! Qualsiasi indebolimento del sistema è un'opportunità per noi! E se le camicie imbottite [*Spie ßer*] gridano tre volte "bolscevismo" e tremano per i soprammobili nelle loro credenze, che fastidio ci dà? Questo Stato non ci riguarda. Possono proteggersi da soli. Siamo in attesa... per un domani differente.

Non travisiamo di nuovo i fronti! La situazione politica interna è direttamente analoga allo stato attuale della politica estera. C'è anche una disastrosa "isteria bolscevica". Facendo riferimento allo "spauracchio" di Mosca, la borghesia di ogni tipo e colore sta oggi tentando di incitare i giovani membri della nostra cerchia ad agire come scagnozzi del capitale mondiale contro la Russia. Il cardinale Faulhaber(7), lo *Stahlhelm*, il Santo Padre e tutti i circoli politicamente interessati a una "cristianità" prepotente convergono insieme "sotto la croce" per lanciare l'anatema [*Bannfluch*] contro la Russia! **- Cos'è questo per noi? Anche qui può esserci solo uno slogan per il socialismo tedesco: non lasciarti ingannare dalla psicosi di massa che si coltiva oggi!**

Non c'è bisogno di sottolineare che, per quanto riguarda la forma di Stato eccetera siamo molto diversi dalla Russia sovietica. Ma, ci chiediamo, cosa guadagniamo se aiutiamo e favoriamo la propaganda capitalista contro una comunità socialista? Cosa otteniamo dal sostenere le rivendicazioni di Roma al potere mondiale attraverso una mendace propaganda "cristiana" (che è solo una cortina di fumo per elementi politici, e che quindi sostiene tutte le forze politiche che sono direttamente o indirettamente coinvolte nella schiavitù della Germania) diretta contro uno Stato che almeno non figura tra i nostri oppressori, non importa quali altri difetti potremmo trovarci? **Al contrario: rimanere alla larga da questo trambusto contro la Russia, che offusca solo una chiara visione delle opportunità politiche che possono indubbiamente portare a una politica**

tedesca più vicina alla Russia che alle potenze dietro i piani
Dawes e Young(8). Non ci lasceremo guidare da un falso senso
di solidarietà verso potenze politiche nel cui crollo abbiamo un
fervido interesse, né al nostro interno [*innerdeutschen*] né nella
nostra politica europea:

**Né gli oppositori rossi dell'odierna repubblica democratica
né il nemico del capitale occidentale, la Russia, devono essere
combattuti con qualsiasi forma di aiuto da parte nostra.
Nella situazione attuale entrambi sono nostri alleati, per
quanto possibile, contro Weimar, Versailles e Wall Street.** Le
differenze tra di noi si mostreranno ancora in maniera abbastanza
chiara. Per il momento: attenzione! Non lasciamo che i fronti si
confondano!

"Nationalsozialistische Briefe", vol. 18, 15 marzo 1930

NOTE DEL TRADUTTORE

1) **"Guardiani"** - in tedesco *"Gralshüter"*, letteralmente
"detentori del Graal".

2) **"Il democratico Haas" - Ludwig Haas** (n. 1875 - m. 1930)
era un politico liberale ebreo-tedesco. Ha ricoperto posizioni di
leadership in un certo numero di gruppi di difesa ebraica ed è
stato un co-fondatore sia del Partito Democratico Tedesco (DDP)
che del paramilitare pro-repubblicano, *Reichsbanner.* Non si è
potuta scoprire l'esatta natura del suo "giudizio" a cui fa
riferimento Paetel, anche se chiaramente è situata nel contesto

delle critiche fatte da Haas riguardo alla situazione economica nella Germania di Weimar.

3) **"Anti-stato" - in tedesco "*Unstaat*"**. Questo potrebbe in alternativa essere tradotto come "non-stato". L'uso della parola da parte di Paetel intende indicare che egli vede **lo Stato di Weimar come illegittimo**, non che il Paese sia in uno stato di illegalità.

4) **"*Bonzokratie*" in tedesco. In tedesco la parola "*Bonze*" ha un significato più o meno analogo a "pezzo grosso"**, implicando una persona in una posizione di privilegio e potere (un "capo") che abusa della propria autorità a proprio vantaggio egoistico. Era un peggiorativo usato frequentemente tra socialdemocratici e sindacalisti, che liquiderebbe come "*Bonzen*" quei membri del movimento operaio che erano diventati troppo egoisti e borghesi (come ad esempio i politici a capo del SPD). Anche i nazionalsocialisti adottarono la parola, usandola per descrivere in modo beffardo i membri della leadership SPD o KPD, o addirittura usandola criticamente contro alcuni funzionari del NSDAP. "*Bonzokratie*" potrebbe anche essere tradotto come "burocrazia", ma "capocrazia" coglie meglio il suo significato contestuale.

5) **"Autori della legge per la protezione della Repubblica" - cioè i socialdemocratici.** La legge per la protezione della Repubblica (*Republikschutzgesetz*) fu approvata dal Reichstag nel 1922, in seguito all'assassinio del ministro degli Esteri Walter Rathenau da parte di terroristi nazionalisti. Mirata esplicitamente contro i gruppi radicali, la legge proibì le organizzazioni e le

pubblicazioni ritenute contrarie allo "Stato repubblicano costituzionale" e introdusse pene più severe per la violenza politica. Sebbene il governo che aveva introdotto la legge fosse guidato dal cancelliere Wirth, un membro del partito di centro, la legge era in gran parte responsabilità del ministro della giustizia socialdemocratico Gustav Radbruch ed era comunemente vista come un prodotto del SPD. Anche una versione successiva e rivista della legge, introdotta nel dicembre 1929, fu fortemente influenzata dai socialdemocratici, in questo caso dal ministro dell'Interno Carl Severing. Mentre la legge originale del 1922 era stata introdotta come risposta diretta alla violenza nazionalista, la revisione della legge del 1929 fu introdotta sulla scia del divieto a livello nazionale contro i paramilitari del KPD, la Lega dei combattenti del fronte rosso.

6) In tedesco *"Gewehr bei Fuß stehen!"* Questo è un linguaggio militare che si traduce letteralmente in "pistola in piedi!" e significa essenzialmente "preparati per la battaglia!" o "armi pronte!"

7) **Il cardinale Michael von Faulhaber** (n. 1869 - m. 1952) era un importante leader religioso cattolico in Baviera. Era noto per le sue spiccate tendenze politiche anticomuniste, anti-radicali e nazional-conservatrici. Sebbene antisemita e ostile allo Stato di Weimar, Faulhaber aveva giocato un ruolo importante nell'ostacolare il colpo di stato di Hitler del 1923, e divenne così un nemico del Partito Nazionalsocialista per tutti gli anni '20. Negli anni a venire fu attaccato brutalmente dalla stampa nazionalsocialista con epiteti come "reazionario", "traditore pacifista", "pio amico degli ebrei" eccetera.

8) **I poteri dietro il Piano Dawes e il Piano Young, cioè le potenze occidentali** (in particolare Gran Bretagna, Francia e Stati Uniti) che dettavano alla Germania i pagamenti delle sue riparazioni. Era tesi dei nazionalsocialisti di sinistra e dei nazional-bolscevichi che una politica estera filo-occidentale da parte della Germania fosse sciocca, considerando come le potenze occidentali l'avevano sfruttata attraverso il trattato di Versailles e i successivi piani di riparazione. **I radicali sostenevano (come fa Paetel) che la Germania aveva più cose in comune con un'altra potenza che aveva sofferto a causa dell'imperialismo occidentale, e che avrebbe dovuto orientare la sua politica estera in favore di quella Nazione: la Russia sovietica.**

IL GRUPPO DEI NAZIONALISTI SOCIAL RIVOLUZIONARI

In un incontro pubblico a Berlino nel luglio 1929, il giornalista nazionalista **Karl Otto Paetel** invitò i partecipanti - attivisti di diversi gruppi radicali - **a mettere da parte le differenze tra sinistra e destra e ad impegnarsi a formare un "Fronte giovanile anticapitalista" unitario**. L'organizzazione che risultò da questo appello fu l'*Arbeitsring Junge Front*, un gruppo informale di giovani provenienti da una varietà di diverse associazioni politiche la cui principale preoccupazione **era la costruzione di un riavvicinamento e di una sintesi ideologica tra l'estrema destra e l'estrema sinistra tedesche**. Sebbene apparentemente un gruppo di pressione trasversale, la maggior parte dei principali attivisti dell'*Arbeitsring* condividevano un retroterra comune nel Movimento giovanile tedesco, in particolare nei gruppi giovanili *Bündische* di tendenza nazionalista come *"Adler und Falken"*, *"Deutsche Freischar"*, *"Artamanen"* eccetera. Inizialmente si concentrarono nel tentativo di agire come ponte intellettuale tra il NSDAP e il KPD, ma alla fine giunsero alla conclusione che il loro tempo sarebbe stato speso meglio nella propria organizzazione politica. A tal fine organizzarono un convegno dal 28 al 31 maggio 1930, in cui i rappresentanti di 20 associazioni nazional-rivoluzionarie minori **si unirono per fondare un'organizzazione che, come si diceva, "fungesse da comunità politica di idee" promuovendo "Nazione e socialismo" e "il Consiglio di Stato del Popolo"**. Questa organizzazione venne battezzata **"Gruppo dei nazionalisti social-rivoluzionari" (GNSR)**. Gran parte della leadership del GNSR (incluso Paetel) figurava a quel tempo tra i collaboratori della rivista nazional-rivoluzionaria **"*Die Kommenden*"**, e l'edizione della rivista del 26 giugno 1930 (n. 26, vol. 5) venne utilizzata come veicolo per annunciare la fondazione del gruppo e per diffonderne la prospettiva e la posizione su una varietà di argomenti diversi. Nello stesso anno gli articoli di questo numero furono pubblicati di nuovo con il titolo *"Sozialrevolutionärer Nationalismus"* (*"Nazionalismo social-rivoluzionario"*); questo opuscolo sarebbe effettivamente servito come programma del gruppo fino alla pubblicazione del **"*Manifesto Nazional Bolscevico*"** nel 1933. I due articoli seguenti sono un esempio di alcuni dei contenuti dell'opuscolo. Il primo è di **Heinz Gollong** (che rappresentava gli *"Eidgenossen"*, una divisione del gruppo giovanile *völkisch* *"Freischar Schill"* di Werner Laß), e costituiva l'articolo principale del *"Kommenden"* citato sopra. La seconda traduzione consiste nelle **"Tesi" del GNSR**, come concordate dai suoi membri.

Fondazione e posizione

Le seguenti dichiarazioni sono estratte da una conferenza tenuta da Heinz Gollong per il consolidamento del "Gruppo dei nazionalisti social-rivoluzionari".

Camerati e Compagni!

Il circolo che si è formato nel "Gruppo dei nazionalisti social-rivoluzionari" è, per certi aspetti, più tipico di quanto possa sembrare a prima vista. In ogni epoca c'è stato un piccolo numero di pensatori che si è precipitato lungo nuove strade audaci, in anticipo sui tempi; che è rimasto incompreso; che ha affrontato il ridicolo e l'opposizione violenta; e che alla fine è stato in grado di testimoniare come in seguito la massa dell'umanità ha messo a frutto le loro idee con quella "mentalità" naturale e data per scontata che è così caratteristica di quelle masse. Abbiamo sperimentato come noi, che provenivamo da innumerevoli partiti diversi – partiti classificati secondo le linee di categorie stabilite dai vecchi esponenti – inizialmente ci siamo riuniti istintivamente, forse per un sentimento condiviso di sentirsi estranei ad un mondo in cui il linguaggio con cui ci parlano è sconcertante, in cui lo spirito che ci governa è estraneo. Abbiamo visto come sembrano fuori dal mondo le opinioni di questi eterni "vecchi", quanto superficialmente si sono avvicinati a tutto e quanto poco sono stati in grado di disimpegnarsi dal proprio ego nella lettura degli eventi. E, non ultimo, dopo queste esperienze è cresciuta dentro di noi la consapevolezza di essere portatori di una giovanissima visione del mondo(1), e che dobbiamo lottare per questo "nuovo ideale" (che ci si è è reso ineffabilmente chiaro quando ci siamo confrontati con le questioni contemporanee e abbiamo così scoperto con quanta idiosincrasia percepiamo le cause alla base degli eventi mondiali, nonché le interrelazioni tra esse) finché la giovane vita continua a bruciare dentro di noi.

Non sappiamo come ci siamo conosciuti. A volte sembra che ci sia qualcosa nell'aria che assicura che tutti quelli di noi che appartengono allo stesso Paese e fanno parte insieme di un unico fronte finiranno in qualche modo per ritrovarsi l'un l'altro. **Se cercassimo di trarre validazione per la nostra lotta**

unicamente dal fatto che siamo persone che hanno infranto tutti i pregiudizi tradizionali e che sono state escluse quasi completamente dalle organizzazioni della Germania di oggi, allora questa sarebbe probabilmente solo metà della storia. Piuttosto, è la nostra fede nella correttezza del nostro atteggiamento che ci fornisce la forza per superare il "risentimento" che finora ha prevalso tra noi e per passare invece a una particolare forma di organizzazione. Vedo in questo il compito più immediato: indagare ora se una visione politica possa formarsi dal nostro essere.

Nell'accostarsi a questo chiarimento ci sono alcune cose essenziali che dobbiamo sottolineare; mentre possono sembrare evidenti a molti, sembra ancora necessario stabilirle in considerazione degli implacabili metodi di lotta impiegati da alcuni gruppi di interesse politico.

Non pretendiamo di essere gli artefici di ogni idea che costituisce i fondamenti delle tesi che dobbiamo stabilire. Non pretendiamo di essere gli unici inquilini di questi princìpi politici, perché crediamo che molti giovani in Germania si sentano allo stesso modo nonostante non abbiano ancora preso contatto con noi. Laddove si siano formati dei circoli che hanno trovato per i loro pensieri la stessa espressione che abbiamo noi, essi si uniranno a noi e scopriranno che possediamo un grado sufficiente di agilità mentale per non essere offesi da una formulazione alternativa di contenuti correlati. Queste brevi parole contengono richieste morali a pensatori e combattenti politici che possiedono certamente il fascino della novità e della peculiarità rispetto a quelle istituzioni che oggi dominano la situazione politica. Possiamo quindi sinceramente presentarci al pubblico, perché nel nostro circolo la libertà di idee è dominante e non abbiamo "interessi" da rappresentare.

Ci sono cose nella vita che assumono immediatamente un aspetto diverso non appena cambiano le posizioni dell'una rispetto all'altra. Questo è altrettanto vero per le idee politiche. Non ci vantiamo che sia nostro compito poter contrastare il liberalismo con eguali valori, né che sia nostro compito vincere il pacifismo; **invece mettiamo in campo la più giovane delle idee politiche, che impieghiamo in un modo che è certamente nuovo nella**

sua configurazione, poiché mette in vitale associazione tra loro punti di vista separati che i "vecchi" consideravano come acqua e fuoco (un'idea grazie alla quale tutti loro hanno fallito): vale a dire, nazionalismo e socialismo.

Certo, la formulazione di questa sintesi non è del tutto nuova, ma è stata usata abbastanza seriamente all'interno della lotta dei partiti come strumento promozionale di notevole valore(2). Chi potrebbe sostenere, tuttavia, che coloro che utilizzano questi termini per scopi propagandistici abbiano effettivamente compiuto un serio sforzo per trarne il significato e la forma? Ritengo che, viste le abbondanti prove di ciò, non occorra aggiungere altro al riguardo. Invece, il nostro lavoro può iniziare senza perdere altro tempo nel soffermarci sulle critiche di quelle entità che pretendono di difendere un ideale, ma in pratica hanno solo il muso nella mangiatoia.

Nel frattempo, siamo nella fortunata posizione di poter imparare dagli errori dei "vecchi". Dalla loro inflessibilità (tra le altre cose) abbiamo così tratto la lezione di mantenerci cauti nei confronti del dogmatismo e degli *slogan*. Ciò significa che ci rifiutiamo di utilizzare tali mezzi e che faremo attenzione a non sopravvalutarli, né a fidarci di loro.

Naturalmente, questo non impedisce agli avversari di ogni tipo di assalirci con le loro armi. Prima di diventare un'organizzazione formale, abbiamo sfruttato le occasioni di dibattito giornalistico messe a nostra disposizione in varie testate e che, contrariamente alle aspettative, hanno suscitato un interesse tale da consentirci di trarre da esse alcune conclusioni. Da qualunque posizione provenissimo originariamente, tutti abbiamo sottolineato – oltre alla nostra risoluta coscienza nazionale, e accanto alla nostra incondizionata confessione di militanza – **la nostra coerente ricerca del socialismo direttamente nella sfera economica, con questa prospettiva che nasce dal fatto che il mondo intellettuale capitalista mette le considerazioni economiche sopra ogni altra cosa nella vita, e questo è quindi il motivo per cui lottiamo con il fine di liberare le forze del sangue e dello spirito dalle catene di questa avidità materialistica del profitto. Noi come "*Volk e Nazione*" dichiariamo che non vogliamo che le decisioni di Stato in materia di affari esteri, interni, sociali o politico-culturali risiedano nelle cricche**

economiche dal cui sostegno oggi dipendono, anche se questa situazione è piuttosto prudentemente resa in maniera non del tutto evidente all'opinione pubblica. **Noi esigiamo che l'economia diventi uno "strumento" dello Stato al fine di soddisfare gli standard di vita del *Volk*, mentre attualmente lo Stato è uno "strumento" dell'economia allo scopo di soddisfare motivazioni di profitto privato.**

Poiché i nostri avversari erano consapevoli che avevamo da tempo cessato di credere in qualsiasi fondamento etico o correlato della loro esistenza, e poiché non si vedevano più in grado di ingannarci, **hanno tentato in generale di ritrarci come orribili bestie nauseabonde, per attirare istintivamente contro di noi le loro devote pecorelle: ci hanno soprannominato "nazional-bolscevichi"[3] sapendo esattamente quale orribile impressione la parola "bolscevismo" evoca ancora oggi in Germania.** Quelli dall'altra parte hanno ipotizzato che tutti coloro che erano in contatto con noi in quel momento ci avrebbero rifiutati e condannati come lebbrosi. **Quanto spaventosamente colpisca queste pacifiche anime tedesche il grido di battaglia del "bolscevismo" è dimostrato, tra l'altro, dal fatto che i capitalisti, per ragioni di concorrenza, talvolta si additano l'un l'altro lo spettro minaccioso del "bolscevismo" nella speranza di rendere i loro soci più servizievoli.** Ecco perché il dottor Solmssen[4], membro del consiglio di amministrazione della *Deutsche Bank* e della *Disconto-Gesellschaft*, proclamò in un discorso del marzo 1930 a Zurigo che era nell'interesse dell'economia mondiale giungere a un'intesa su campi di interesse comuni, mostrare considerazione gli uni per gli altri e non permettere che sorgesse uno sciovinismo nazionale, per poter affrontare la prossima guerra mondiale, ossia: contro il bolscevismo! Queste parole sono efficaci quanto lo slogan del "nazional-bolscevismo" che è stato usato contro di noi, uno slogan su cui l'intera stampa borghese ha lavorato negli ultimi mesi e che in alcuni casi non è mancato di ridicolaggine– come, per esempio, nel giornale nazionale delle casalinghe che con indignazione si è scagliato contro le nostre linee di pensiero perché, come ha spiegato... non potrebbe mai essere d'accordo con l'abbigliamento standardizzato che è il risultato finale del "bolscevismo" (!!).

Le organizzazioni che sono diventate consapevoli della propria disintegrazione interiore tendono a inondare ogni movimento che appaia loro dannoso con sproloqui ricolmi di paura. Non dobbiamo quindi interpretare erroneamente l'assalto che abbiamo subito da parte della stampa borghese permettendo loro di condurci all'auto-illusione.

Un'onesta autovalutazione dei mezzi che abbiamo a disposizione sarà più utile alla nostra lotta rispetto a una sopravvalutazione della nostra influenza. Il punto in cui vengono tracciate le linee non può essere attualmente oggetto del nostro esame. Dobbiamo lasciare che sia l'individuo a determinare fino a che punto arriva il nostro impatto e in che misura avremo l'opportunità di contribuire alle decisioni politiche. Confido che nessuno di noi si lascerà trasportare da un desiderio (spesso psicologicamente comprensibile) di riconoscimento personale, tale da avanzare posizioni che – visti i limitati mezzi di potere che abbiamo – non mancano di un certo grado di banalità. Metodi "politici" del genere – l'insipienza del Movimento giovanile, attraverso la quale si ottiene sempre l'opposto (cioè una riduzione di valore) degli obiettivi originari – sono necessità ormai superate. Affidiamoci alla determinazione e all'obiettività fino a quando non sarà stato elaborato il problema finale: – In questo modo vedremo più chiaramente e giudicheremo le cose con più freddezza; sosterremo meglio le persone nella nostra comunità; e, non da ultimo, potremo più facilmente prendere le dovute distanze da slogan e tormentoni, verso i quali molti possiedono una comprensibile inclinazione per mancanza di una formazione specialistica.

Non sorprende che i circoli socialisti proletari diffidino della serietà della nostra volontà socialista, considerando gli abusi che vengono compiuti oggi sotto questo termine. Il socialismo è spesso utilizzato per fini politici di partito, ovunque possa riuscire con il suo aiuto il reclutamento delle masse. Chi di noi viene dalla "sinistra" sa quanto sia ingiustificata questa sfiducia. Quelli di noi che un tempo erano di "destra" sono, in realtà, proletarizzati in egual misura, seppure affermando questo non intendo affatto indorare la proletarizzazione del *Volk* tedesco. **Non è necessario rinunciare con sacri giuramenti alla reazione che i partiti di sinistra possono ancora fiutare in noi,** o fornire loro una "lettera di credenziali". Siamo socialisti: siamo diventati rivoluzionari per il bene della costruzione della Nazione e chiediamo fiducia nella nostra onestà! Insieme a voi ex "sinistri" il nostro obiettivo oggi è cercare di esprimere, su una base comune e con una medesima posizione, i principi politici che possono nascere solo dalla nostra essenza e dalla nostra visione del mondo!

Le tesi del

Gruppo dei nazionalisti social-rivoluzionari

Come gruppo, riassumiamo le nostre richieste come segue:

Riconosciamo la necessità della Rivoluzione tedesca.

È la trasformazione spirituale che determina il volto del nostro tempo, economicamente, politicamente e culturalmente.

Affermiamo il nostro impegno per la Nazione.

In quanto espressione fatidica della comunità *völkisch*, è per noi il valore politico ultimo.

Affermiamo il nostro impegno per il *Volk*.

Come comunità culturale etnicamente distinta, in contrasto con la civiltà occidentale, che è distruttiva per la popolazione.

Affermiamo il nostro impegno per il socialismo,

che, dopo aver infranto l'ordine capitalista, lega *Volk* e Nazione in una struttura economica organica.

Il raggiungimento dei nostri obiettivi è il

Consiglio di Stato della Grande Germania Popolare

come manifestazione dell'autogoverno del *Volk* produttivo.

Gli strumenti dell'attività economica devono essere convertiti in proprietà comune della Nazione e deve essere affermata la proprietà fondamentale della terra e del suolo da parte della Nazione.

Da ciò segue: Nazionalizzazione di tutte le grandi e medie imprese; immediata ed estesa colonizzazione dell'Est; condono per piccole proprietà private come Concessioni del *Reich* [*Reichserblehen*]; la sostituzione del diritto privato romano con il diritto comune tedesco.

Lo stato attuale delle cose richiede:

-lotta spietata contro tutti i trattati di asservimento in politica estera, da Versailles a Young,

-lotta contro il sistema di Weimar, che ha sancito la servitù esterna,

-una politica di alleanza con l'Unione Sovietica,

-sostenere i movimenti rivoluzionari al fine di creare un fronte unito di tutte le classi e nazioni oppresse.

L'attuale stato di cose richiede l'attuazione più dura della lotta di classe degli oppressi contro tutti coloro che sostengono il dogma capitalista dell'intoccabilità della proprietà privata. Questo è l'unica strada per la comunità nazionale [*Volksgemeinschaft*] tedesca.

Per salvaguardare la rivoluzione contro l'attacco del capitale internazionale e contro gli sforzi controrivoluzionari, l'Esercito popolare rivoluzionario dovrà prendere il posto dell'attuale esercito mercenario.

Il gruppo dei nazionalisti social-rivoluzionari.

NOTE DEL TRADUTTORE

1) **"Visione del mondo"** - La parola tedesca usata nel testo originale è *"Weltgefühl"* (letteralmente "sentimento del mondo"). Il *Weltgefühl* di qualcuno costituisce il senso o il sentimento della relazione con il mondo che lo circonda, la sua consapevolezza di come vive ed esiste nel mondo e si relaziona ad esso come una parte connessa al suo insieme più ampio. Era un termine popolare nella scrittura filosofica e artistica dell'inizio del XX secolo in Germania e occasionalmente compare nei testi *völkisch* più intellettuali.

2) Un riferimento ai **nazionalsocialisti**.

3) Come suggerisce questa frase, il termine "nazional-bolscevico" era in realtà un peggiorativo nella politica tedesca, usato per sostenere che la presunta politica nazionalista di una persona o di un gruppo fosse in realtà una copertura per un bolscevismo nascosto (o, al contrario, che la presunta politica socialista in realtà fosse una copertura per il fascismo mascherato). Il GNSR, e i vari microgruppi che ne costituivano l'appartenenza, furono i primi ad adottare di buon grado il termine e ad usarlo per auto-descriversi in senso positivo, anche se sembra che abbiano preferito chiamarsi nazional-comunisti [*Nationalkommunisten*].

4) **Georg Solmssen** (n. 1869 – m. 1957) fu un banchiere e uomo d'affari ebreo-tedesco. Il suo nome di nascita era Salomonsohn, che cambiò dopo essersi convertito al protestantesimo nel 1900. Al momento della pubblicazione di questo articolo (1930), Solmssen era nel consiglio di amministrazione della *Deutsche Bank*, posizione che gli era stata concessa dopo che la sua banca (la *Disconto-Gesellschaft*) si era fusa con la *Deutsche Bank* nel 1929. Solmssen fuggì dalla Germania nel 1934 e visse in Svizzera fino alla fine della guerra.

IL NAZIONAL BOLSCEVISMO TEDESCO DAL 1918 AL 1932

Questo resoconto è di fondamentale importanza: sia perché riesce a dare una panoramica completa dei protagonisti e i gruppi del nazional-bolscevismo tedesco, sia perché scritto da uno di quei protagonisti; quel **Karl Otto Paetel** di cui abbiamo pubblicato il Manifesto e altri scritti, che grazie all'esperienza diretta ci tramanda idee e visioni di qualità.

*

Oggi, quando nella Germania occidentale le tendenze politiche, i gruppi o gli individui vengono descritti come **"nazional-bolscevichi"** (con l'intenzione di creare polemiche e una sfumatura peggiorativa, come per *"trotzkisti"* o *"titoisti"*), **si intendono tendenze, gruppi o persone orientati verso l'Oriente e filo-russi, o almeno simpatizzanti dei sovietici. Ma questa definizione non basta a caratterizzare il movimento che, tra la fine della prima guerra mondiale e la presa del potere da parte di Hitler, attirò l'attenzione degli ambiti teorico-politici, dell'"estrema destra" come dell'"estrema sinistra", in molti modi e con lo stesso nome.**

Dai due lati, il movimento si basava fondamentalmente su motivazioni politiche interne: **i socialisti rivoluzionari si sono radunati attorno all'idea di Nazione perché la vedevano come l'unico modo per mettere in pratica il socialismo. I nazionalisti convinti tendevano verso la "sinistra" perché, secondo loro, i destini della Nazione potevano essere affidati solo tramite la fiducia a una nuova classe dirigente. Sinistra e destra si univano in un odio comune per tutto ciò che chiamavano imperialismo occidentale, il cui principale simbolo era il trattato di Versailles, e il garante il "sistema di Weimar".** Quindi era quasi inevitabile che ci rivolgessimo, in politica estera, alla Russia, che non aveva preso parte al trattato di Versailles. I circoli "nazionali" lo fecero con l'intenzione di continuare la politica del **barone von Stein**, della **convenzione di Tauroggen** e infine quella della **"contro-assicurazione"** di

Bismarck; la sinistra dissenziente, da parte sua, nonostante le critiche spesso violente che formulava contro la politica comunista internazionale dell'Unione Sovietica, rimase convinta del carattere socialista, quindi ad essa correlato, dell'URSS, e attendeva la formazione di un fronte comune contro l'Occidente borghese e capitalista.

Il nazional-bolscevismo includeva quindi nelle sue fila nazionalisti e socialisti tedeschi che, introducendo una crescente intransigenza social-rivoluzionaria nella politica tedesca, contavano sull'aiuto russo per raggiungere i loro fini.

Il "nazional-comunismo" di Amburgo

Il nazional-bolscevismo tedesco apparve per la prima volta all'interno di discussione tra alcune frazioni del movimento operaio rivoluzionario. Le sue prime occasioni le ebbe il 6 novembre 1918 e il 28 giugno 1919. Fu il 6 novembre 1918 che, nel "Campo dello Spirito Santo" vicino ad Amburgo, **Fritz Wolffheim chiamò il popolo alla "rivoluzione tedesca"** *"che, sotto l'egida della bandiera rossa, avrebbe continuato la lotta contro l'imperialismo occidentale"*. Il 28 giugno 1919 fu firmato il **trattato di Versailles**, che Scheidemann e Brockdorff-Rantzau si erano rifiutati di siglare.

Fritz Wolffheim e **Heinrich Laufenberg**, presidente del Consiglio dei lavoratori e dei soldati di Amburgo, **guidarono la lotta contro gli slogan disfattisti della Lega di Spartaco e predicarono la guerra "giacobina" della Germania socialista contro il diktat della pace.** Come capo della delegazione per la pace, il ministro tedesco degli Affari Esteri, il conte **Brockdorff-Rantzau**, intendeva tenere all'Assemblea nazionale tedesca un discorso di avvertimento, sottolineando che "la pace ingiusta" avrebbe rafforzato l'opposizione rivoluzionaria al capitalismo e all'imperialismo, e che sarebbe stato necessario prepararsi a un'esplosione social-rivoluzionaria. Il discorso infine non fu pronunciato e il suo contenuto fu pubblicato solo più tardi.

Quando i *Freikorps* del **generale von Lettow-Vorbeck** entrarono ad Amburgo, il loro leader fu invitato a unirsi ai lavoratori rivoluzionari in questa lotta contro una "pace ingiusta". Una **Libera Associazione per lo Studio del**

Comunismo Tedesco, fondata da comunisti e giovani patrioti - vi parteciparono attivamente i **fratelli Günther** - cercò di dimostrare ai socialisti e ai nazionalisti la necessità di questa lotta comune, condotta nell'interesse della Nazione e del socialismo. Sebbene contatti locali abbiano avuto luogo in alcune città, il movimento non ha mai avuto una reale influenza sulle masse.

Durante i "giorni del partito" a Heidelberg nel 1919, il Partito Comunista di recente fondazione dichiarò l'esclusione delle "sinistre" di Amburgo, raggruppate attorno a Wolffheim e Laufenberg, e della Lega di Spartaco e pochi altri (i due movimenti si erano uniti al Partito Comunista). Questa misura era dovuta alle deviazioni anti-parlamentari e sindacaliste degli interessati. **Wolffheim e Laufenberg si unirono quindi al nascente Partito Comunista Operaio di Germania.** Ma c'era una totale carenza di coesione e la mancanza di unità ideologica condusse presto allo smembramento del partito. I fedeli di Wolffheim rimasero raggruppati nella Lega comunista, che portava come sottotitolo non ufficiale quello di **Lega nazional-comunista. Lenin e Radek avevano messo in bilico tutto il loro prestigio** (l'avvertimento di Lenin contro il "radicalismo" era rivolto soprattutto agli amburghesi) **per sostenere Paul Levi, avversario di Wolffheim all'interno del Partito Comunista tedesco.** Gli amburghesi furono isolati e il loro raggio d'azione fu ridotto a quello di una frazione di sinistra. Era anche impossibile radunare un numero sufficiente di attivisti di destra. **Il conte Ulrich von Brockdorff-Rantzau partì per Mosca nel 1922 come ambasciatore della Germania. Voleva "riparare da lì la sfortuna di Versailles". È ai suoi sforzi che dobbiamo il Trattato di Rapallo del 16 aprile 1922 (che l'amico Maltzan aveva progettato) e il Trattato di Berlino dell'aprile 1926.**

La variante rivoluzionaria di un nazional-bolscevismo tedesco era fallita. Dopo Rapallo, la forma in evoluzione di questo nazional-bolscevismo continuò sotto forma di molteplici contatti tra i leader della *Reichswehr* (**Seeckt** e i suoi successori) e l'Unione Sovietica. Non possiamo qui entrare nei dettagli di questa collaborazione.

Le idee di Wolfheim e del "Conte Rosso" hanno continuato il loro percorso sotterraneo.

L'"Unione comunista popolare"

I comunisti fecero il secondo passo sulla via di un fronte comune, patriottico e socialista contro l'Occidente. **Il 20 giugno 1923, durante la sessione del Comitato esecutivo allargato dell'Internazionale comunista, Karl Radek pronunciò il suo famoso discorso su *"Leo Schlageter, viandante del nulla"*,** dove si inchinò davanti al sacrificio del sabotatore nazionalista e incoraggiò i suoi compagni a continuare, accanto alla classe operaia rivoluzionaria, la lotta comune per la libertà nazionale della Germania.

Seguirono discussioni su *"Die rote Fahne"* e sulla rivista populista tedesca *"Der Reichswart"*: **Moeller van den Bruck, il conte Reventlow, Karl Radek e altri hanno affrontato il tema: *"Una lunga strada insieme?"***. Occasionalmente si tenevano riunioni. Il "movimento nazionale", in cui si parlava sempre più di Adolf Hitler, del capitano Ehrhardt e dei popolari del gruppo Wulle-Gräfe, ne rimase ai margini.

Lo slogan "nazionale" del Partito Comunista suonava falso. Fondamentalmente, è sempre sembrato sbagliato per la maggior parte degli attivisti nazionali. Nell'agosto-settembre 1930, il Partito Comunista tedesco aveva nuovamente annunciato un programma di "liberazione nazionale e sociale del popolo tedesco". Inoltre, sotto il nome dell'ex luogotenente della *Reichswehr* e del nazista **Richard Scheringer**, aveva riunito alcune centinaia di ex nazisti, ufficiali e uomini dei *Freikorps* nei circoli *"Aufbruch"*, attorno all'omonima rivista. Tuttavia, il "nazional-bolscevismo" controllato dal Partito Comunista, cioè "derivato", non divenne mai, né all'interno né all'esterno del movimento comunista, un fattore capace di determinare la strategia e la tattica politica del movimento di massa. Non è mai stato altro che uno strumento ai margini del NSDAP, incaricato del lavoro di disintegrazione. Le vere tendenze nazional-bolsceviche riapparvero in una direzione completamente diversa.

Il "terzo partito"

Sotto la Repubblica di Weimar, c'era in Germania un movimento di ribellione "nazional-giovanile". Questo movimento si collocava nell'"estrema destra", accanto ai partiti nazionali conservatori, al Nazionalsocialismo, a vari gruppi "populisti" a volte in competizione con esso, e alle associazioni di difesa nazionale. Dal 1929 al 1932 prese forme concrete e la sua etichetta di "destra" presto non ebbe nulla in comune con quella in uso nella geografia parlamentare. Ci siamo definiti "nazional-rivoluzionari", abbiamo formato i nostri gruppi, abbiamo curato i nostri giornali e riviste, e abbiamo cercato di esercitare un'influenza morale sulle associazioni di difesa, gruppi politici, movimenti giovanili per addestrarli a una rivoluzione completa dello Stato, dell'economia e della società.

In seguito, come prima, siamo rimasti nazionalisti, ma siamo stati sempre più inclini a rivendicazioni anticapitaliste e socialiste, anche parzialmente marxiste.

Queste "sinistre di destra", come le chiamava Kurt Hiller, cercarono dapprima di stabilire, "al di sopra delle associazioni", i rapporti tra i radicali di sinistra e di destra, prendendo come base il loro *"comune atteggiamento anti-borghese, socialrivoluzionario"*. Quando il peso degli apparati di partito fece fallire questi sforzi in entrambi i poli, le parti interessate decisero di creare la propria piattaforma rivoluzionaria nei gruppi e nei giornali nazional-rivoluzionari. L'unione, nel 1930, del **Gruppo Wolffheim** al **Gruppo dei nazionalisti social-rivoluzionari** che nelle riviste *"Die Kommenden"* e *"Das Junge Volk"* aveva cominciato a costruire una tale piattaforma, e la fusione nella "resistenza" dei giovani socialisti di *Hofgeismar* con il gruppo *Oberland*, ha dato nuovo vigore, a un livello superiore, alle tesi dei comunisti nazionali di Amburgo. Questo è stato anche il caso di alcune tendenze filo-socialiste che si sono manifestate in alcuni gruppi radicali di destra che hanno svolto un ruolo attivo in Alta Slesia o nella resistenza della Ruhr.

I gruppi nazional-rivoluzionari sono sempre rimasti numericamente insignificanti (per molto tempo l'opinione pubblica li ha designati solo con il termine molto chiaro di "nazional-bolscevichi"!); ma, ideologicamente, c'era una sorta di genuina fusione tra idee di "destra" e concezioni di "sinistra". **Il bolscevismo nazionale non voleva essere né di destra né di sinistra. Da un lato, ha proclamato la Nazione "valore assoluto" e, dall'altro, ha visto il socialismo come il mezzo per realizzare questa nozione nella vita del popolo.**

Moeller van den Bruck è stato il primo giovane teorico conservatore a professare tali idee. Fu per ragioni puramente pubblicitarie che intitolò la sua opera principale "*Il Terzo Reich*", una formula che il movimento Hitler avrebbe usurpato in seguito. Lo stesso Moeller avrebbe voluto chiamare il suo libro "*Il terzo partito*". La sua idea guida era il contrario delle teorie di Hitler. Moeller van den Bruck ha dato un fondamento ideologico alle teorie politiche del nazional-bolscevismo. A partire dal principio che "*ogni popolo ha il proprio socialismo*" stava cercando di sviluppare le linee principali di un **"socialismo tedesco"** libero da ogni schematismo internazionalista. Lo **"stile prussiano"** gli sembrava l'atteggiamento migliore; quindi la posizione di Moeller, volgendosi ad Est, anche a livello politico, era solo la conseguenza logica di questa parentela spirituale. **Voleva essere "conservatore" in opposizione a "reazionario", "socialista" in opposizione a "marxista", "democratico" in opposizione a "liberale".** Fu qui che apparvero per la prima volta formule che, successivamente, radicalizzate, semplificate e in parte utilizzate in modo sommario, costituirono una sorta di base comune per tutti i gruppi nazional-bolscevichi.

A parte **Oswald Spengler** e il suo libro **"*Prussianesimo e Socialismo*"**, che cessò molto rapidamente di affascinare quando fu riconosciuto come puramente tattico, due intellettuali della socialdemocrazia contribuirono alla penetrazione delle idee socialiste nelle file della borghesia giovane-nazionale: **August Winnig e Hermann Heller**. Come il poeta operaio **Karl Broeger** aveva fatto in una certa misura, Winnig e Heller avevano stretto rapporti, durante il periodo della resistenza nella Ruhr, con il movimento di secessione nazionale noto come *Hofgeismar*, emerso dal movimento giovanile del SPD. "*Fede nel proletariato*" di Winnig e "*Nazione e socialismo*" di Heller furono il punto di partenza per incontri fruttuosi tra socialisti (che avevano riconosciuto il valore del nazionalismo) e nazionalisti (che avevano riconosciuto la necessità del socialismo).

Il "nuovo nazionalismo"

Inoltre, anche nel campo nazionale della "generazione del fronte" si sono levate voci ribelli. Prima nell'ambito dello

Stahlhelme ("Elmo d'acciaio"), poi in disparte, infine con la condanna di questo movimento, esse si sono espresse su riviste come ***"Standarte"***, ***"Arminius"***, ***"Vormarsch"***, ***"Das Reich"***, opponendosi con un "nuovo nazionalismo" al movimento nazionale borghese e soprattutto al NSDAP. Quando si perse ogni speranza di esercitare influenza all'interno delle grandi associazioni, gruppi e partiti, si opposero risolutamente a tutti gli slogan della *"comunità popolare"*. ***"Siamo stanchi di sentire parlare della Nazione e di vedere solo il regolare reddito della borghesia. Siamo stanchi di vedere confuso cosa è borghese e cosa è tedesco. Noi non combatteremo di nuovo affinché le grandi banche e i fondi possano amministrare 'con ordine e calma' lo Stato tedesco. Noi nazionalisti non vogliamo, una seconda volta, formare un fronte unito con il capitale. I fronti iniziano a separarsi!"***

Per la prima volta nel movimento social-rivoluzionario, si è rotto il confine tra il "nuovo nazionalismo" puramente militare e il vero nazional-bolscevismo. Gli slogan antimperialisti in politica estera erano solo la logica conseguenza.

Il leader spirituale del "nuovo nazionalismo" era **Ernst Jünger**. Noto dapprima per i suoi realistici romanzi di guerra, ha poi attinto dai risultati della prima guerra mondiale la sua filosofia del "realismo eroico", che **rimuove il vecchio antagonismo tra idealismo e materialismo. Con la sua visione del lavoratore , lo Jünger "prima maniera" ha incoraggiato i giovani ribelli che si sono rivolti al mondo dove la "dominazione e la forma" del proletariato sono in marcia** - sebbene abbia elaborato espressamente la figura di questo lavoratore al di fuori dei dati sociologici -, dopo aver, in *"Mobilitazione totale"*, analizzato e dichiarato inevitabile l'arrivo di un nuovo ordine sociale collettivista. Jünger non faceva parte di nessun gruppo, era conosciuto ovunque e fino al 1932 ha pubblicato articoli in molte riviste che rappresentavano queste tendenze.

La piattaforma social-rivoluzionaria

Le teorie professate in questi circoli erano tutt'altro che cartesiane. **Franz Schauwecker** ha dichiarato: *"Abbiamo dovuto perdere la guerra, per vincere la Nazione"*. Abbiamo parlato di

"*Reich*", presumibilmente caratterizzato da "potenza e interiorità". **Ma il programma includeva, oltre alla metafisica, punti di forza realistici.** Apprezzando la *lotta di classe*, alcuni - peraltro ispirandosi più ai modelli di autogestione offerti dalla storia della Germania che all'esempio russo - sostenevano il sistema dei "Consigli". Abbiamo cercato di entrare in contatto con i movimenti anti-occidentali extra tedeschi: il movimento indipendentista irlandese, circoli arabi, indiani, cinesi (una **Lega dei popoli oppressi** era contraria alla Società delle Nazioni!). **L'idea di un'alleanza russo-tedesca fu difesa energicamente, fu proclamata la necessità di una rivoluzione tedesca, di un fronte comune con il proletariato rivoluzionario. Tutte le rivendicazioni social-rivoluzionarie radicali avevano lo stesso punto di partenza: l'opposizione al Trattato di Versailles. Ernst Niekisch una volta ha dichiarato: "*La minoranza è determinata a rinunciare a tutto a favore dell'indipendenza nazionale, e se è impossibile ottenerla diversamente, anche a sacrificare l'attuale assetto sociale, economico e politico*".**
Questi circoli vedevano il Nazionalsocialismo come "appartenente all'Occidente". Il prussianesimo, il socialismo, il protestantesimo - e anche, fino a un certo punto, il neopaganesimo - furono usati contro il Nazionalsocialismo e le sue finalità "con tendenze cattoliche e controriformiste", sostenendo che queste ultime avessero stravolto le idee socialiste e nazionali orientandole in direzione del fascismo. Sebbene negli ultimi anni prima del 1933 la lotta contro il movimento hitleriano sia diventata sempre più l'obiettivo principale dei nazional-rivoluzionari, l'opinione pubblica considerava in quel momento, proprio per i motivi appena citati, le tendenze nazional-bolsceviche come un vero pericolo per la Repubblica.
Il movimento non è mai stato centralizzato. I diversi gruppi e giornali non sono mai riusciti ad acquisire una reale coesione; si limitarono a un feroce individualismo, fino al momento in cui Hitler li eliminò tutti bandendoli e facendo arrestare, esiliare o uccidere i loro leader. Sebbene l'"azione giovanile" contro il Piano Young avesse avuto almeno un certo successo da parte della stampa, i gruppi non riuscirono a concordare la scelta di **Claus Heim** come candidato comune alla presidenza del Reich. Si verificò la medesima cosa, alla fine del 1932, con gli sforzi per creare un unico partito nazional-comunista.

L'*intellighenzia* anticapitalista

Nel 1932, tuttavia, c'era una preoccupazione generale, e ci si chiedeva - soprattutto sulla stampa borghese - se le parole di **Albrecht Erich Guenther** non contenessero un po' di verità: "*La forza del nazional-bolscevismo non può essere valutata in termini di numero dei membri, di un partito o di un gruppo, né secondo la circolazione delle pubblicazioni. Devi sentire quanto la gioventù radicale sia pronta a unirsi senza riserve al nazional-bolscevismo, per capire come all'improvviso un simile movimento possa estendersi da piccoli circoli al Volk*". La frase minacciosa di **Gregor Strasser** sulla "***nostalgia anticapitalista del popolo tedesco***" ha continuato a risuonare sgradevolmente nelle orecchie di alcuni, soprattutto a destra. Il 1932 era diventato l'anno decisivo. Il NSDAP e il Partito Comunista stavano marciando contro lo Stato. **Poi improvvisamente sorse dalla terra di nessuno sociologica un terzo movimento che non solo faceva appello alla passione nazionale, ma brandiva anche la minaccia di una rivoluzione sociale completa - e tutto questo con un fanatismo che sembrava più serio di quello del Nazionalsocialismo, le cui formule sembravano identiche agli occhi di un osservatore superficiale.**

Nei circoli che non avevano nulla a che fare con gli attivisti dei circoli nazional-rivoluzionari, improvvisamente sono comparse tesi simili, anche se il linguaggio sembrava più misurato, più obiettivo e più realistico. La giovane *intellighenzia* di tutti i partiti, minacciata di non avere mai una professione, correva sempre più il pericolo di cadere preda di slogan radicalizzanti, anticapitalisti e in parte antiborghesi. Queste tendenze furono manifestate dall'improvvisa fama del gruppo "***Die Tat***", raccolto attorno all'omonima rivista mensile. Questa rivista, nata dall'ex Movimento giovanile tedesco libero, è stata curata da **Hans Zehrer**, ex redattore di politica estera alla "*Vossische Zeitung*". Metteva in guardia contro lo sterile dogmatismo dei radicali di sinistra e di destra e appoggiava le richieste essenziali dei nazional-rivoluzionari. La rivista sosteneva gli attacchi di **Ferdinand Fried** all'ordine capitalista e si schierava con lui per un'economia pianificata e per la sovranità nazionale garantita - l'autarchia - appropriandosi così degli slogan del movimento hitleriano.

Questo "nazional-bolscevismo moderato", se mi si permette di definirlo in questo modo, divenne quasi un fattore reale. La rivista di "*Die Tat*" raggiunse cifre fino ad allora sconosciute in Germania; l'influenza delle sue analisi equilibrate e scientifiche superò di gran lunga quella dei tradizionali gruppi nazional-bolscevichi.

Ad un certo punto il generale **Schleicher** niziò a prendere contatto con i sindacati e con **Gregor Strasser** che, sin dalla scomparsa dei "nazionalsocialisti rivoluzionari" del fratello **Otto**, rappresentava le tendenze di "sinistra" all'interno del NSDAP; voleva stabilire nella massa il "socialismo generale" per il quale aveva fatto una propaganda piuttosto abile e il cui slogan clamoroso era questo: ***"La Reichswehr non esiste con il fine di proteggere un regime di proprietà obsoleto".*** "*Die Tat*" si è poi appoggiato a quella dottrina. Zehrer ha assunto la direzione dell'ex quotidiano cristiano-sociale "*Tägliche Rundschaue*" e ha difeso un "Terzo Fronte" centrato su Schleicher. Dopo aver lanciato qualche tempo prima nei confronti dei partiti esistenti lo slogan: **"Il Fronte Giovane resta fuori!"**, questo "Terzo Fronte" si è rivelato una semplice variante "riformista" del "*fronte giovanile anticapitalista da destra a sinistra*" rappresentato dai circoli nazional-rivoluzionari. Anche il brutale licenziamento di Schleicher da parte del presidente Hindenburg pose fine a questa campagna.

Sotto l'egida della bandiera nera

I nazional-rivoluzionari non avevano mai lavorato sulle masse. Alcune migliaia di giovani idealisti si erano riuniti intorno a una dozzina di riviste e ai leader di pochi piccoli gruppi. Quando nel 1930 **Otto Strasser** fondò il suo gruppo, in seguito chiamato **"Fronte Nero"**, i nazional-rivoluzionari cercarono di contattarlo, ma presto rinunciarono. Non diversamente dal Gruppo Scheringer, il Gruppo Strasser non è mai stato veramente nazional-rivoluzionario. **Ma il movimento che Strasser ha innescato indirettamente abbandonando il NSDAP ha provocato molte adesioni al nazional-bolscevismo.** Da prima del 1933, alcuni gruppi delle SA e della Gioventù Hitleriana si unirono in alcune città sotto l'egida - illegale - dei nazional-rivoluzionari. Ma questi erano casi isolati, non azioni di massa.

Solo una volta il simbolo dei nazional-rivoluzionari, la bandiera nera (Moeller van den Bruck l'ha proposta come emblema e tutti i gruppi nazional-bolscevichi l'hanno accettato) ha svolto un ruolo storico sotto il regime di Weimar: nel movimento rurale dello Schleswig-Holstein (che ha avuto ramificazioni in Württemberg, Meclemburgo, Pomerania, Slesia eccetera). **Claus Heim**, un agricoltore agiato ed esperto, divenne il centro della difesa dei contadini contro il "sistema" di Weimar. A quel punto gli intellettuali nazional-rivoluzionari avevano nelle loro mani l'educazione ideologica delle masse contadine che, naturalmente, non erano affatto "nazional-bolsceviche". **Bruno ed Ernst Von Salomon**, e molti altri ancora, cercarono, soprattutto tramite organi del movimento rurale, di dare un significato "rivoluzionario tedesco" e andando oltre gli interessi locali, alle bombe lanciate contro il *Landratsämter*, alle espulsioni dei funzionari del fisco venuti a riscuotere le tasse dagli allevamenti, al divieto forzato delle aste.

Quando Claus Heim e i suoi più stretti collaboratori furono messi in prigione durante il "processo dei dinamitardi", il movimento perse la sua forza, ma la polizia prussiana non era lontana dalla verità quando all'inizio delle indagini, sospettosa, ha arrestato provvisoriamente tutti coloro che si erano recati al *Salinger Salon* di Berlino, ambiente assai nazionalista. Gli uomini che lo frequentavano non erano a conoscenza dei vari attacchi, ma sono stati gli istigatori spirituali del movimento.

Gruppi di combattimento nazional-rivoluzionari

Mentre lo *Stahlhelme* era difficilmente soggetto all'influenza di slogan nazional-bolscevichi, e l'Ordine giovane-tedesco, basato in linea di principio su una politica di alleanza franco-tedesca, manifestava un'ostilità inequivocabile nei confronti di questi gruppi, due associazioni minori di soldati del fronte, appartenenti alla destra, si sono avvicinate abbastanza chiaramente verso questi gruppi: il gruppo *Oberland* e il **Werwolf**. Il gruppo *Oberland* faceva parte del Gruppo di combattimento tedesco che, con le SA di Goering, fu la spina dorsale militare del golpe del novembre 1923. Ma, fin dall'inizio, era fuori luogo. **Ernst Röhm** racconta nelle sue memorie di aver voluto, in una delle prime "Giornate tedesche", cogliere l'occasione per offrire al principe Rupprecht la corona di Baviera. Ma i capi del gruppo Oberland, che informò dei suoi piani, gli dissero chiaramente che sarebbero venuti con le mitragliatrici e avrebbero sparato ai "separatisti" al primo grido di "Viva il re"; al che l'ex capo della *Reichskriegsflagge* dovette digrignare i denti e rinunciare al suo progetto. Un altro esempio dalla storia dei *Freikorps* mostra come l'Oberland fosse un gruppo a parte: quando, dopo il famoso assalto ad Annaberg nel 1921 il gruppo, sulla via del ritorno, passò da Beuthen, trovò i lavoratori in sciopero. Poiché, in generale, i *Freikorps* erano sempre pronti a sparare sui lavoratori, ai dirigenti del Gruppo Oberland fu chiesto di rompere lo sciopero con la forza delle armi. Rifiutarono.

Il *corpo franco* è stato quindi sciolto e sostituito da quel "Gruppo Oberland" che in seguito ha curato la rivista ***"Das Dritte Reich"***. Molto rapidamente, i membri più importanti del gruppo si sono avvicinati ideologicamente ai nazional-bolscevichi; **Beppo Römer**, il vero istigatore dell'assalto di Annaberg, si unì persino al gruppo comunista di Scheringer. Nel 1931 le sezioni austriache del gruppo, relativamente forti, elessero il principe Ernst Rüdiger von Starhemberg, leader fascista dell'*Heimwehr*, come leader: i nazional-rivoluzionari lasciarono quindi il gruppo e, sotto l'etichetta di ***Oberlandkameradschaft***, passarono al gruppo ***Widerstand*** di **Ernst Niekisch**, di cui ben presto formarono il nucleo.

Un secondo gruppo di difesa ha adottato alcune teorie del movimento nazional-rivoluzionario: il ***Werwolf*** (nel gruppo *Tannenberg* di Ludendorff, voci di questo tipo erano l'eccezione). Il *Werwolf* cambiò posizione per due ragioni: in primo luogo, questo gruppo aveva un numero relativamente elevato di lavoratori nelle sue file, che esercitavano una chiara pressione a favore di un nazionalismo "non borghese"; secondo, il suo leader, lo *studienrat* **Kloppe**, sentiva il bisogno costante di differenziarsi dai gruppi più grandi. Poiché i "nuovi nazionalisti" erano caduti in disgrazia nello *Stahlhelme*, nel NSDAP e nel DNVP, il *Werwolf* si avvicinò a loro in modo eclatante. Quando Otto Strasser, dopo aver lanciato il suo appello ***"I socialisti lasciano il partito"***, fondò nel 1930 il gruppo del "vero Nazionalsocialismo", Kloppe, le cui idee però coincidevano perfettamente con quelle di Strasser, non si unì a lui: fondò un gruppo dissidente, chiamato **"Possedismo"**. I membri del gruppo, per lo più più radicali, non presero troppo sul serio questa nuova dottrina, ma ottennero che il bollettino del gruppo rappresentasse in generale, per il problema russo come a livello sociale, il punto di vista che avevano adottato, a parte i gruppi già citati, *Der junge Kämpfer*, *Der Umsturz* (organo dei "Confederati"), *Der Vorkämpfer* (organo dello *Jungnationaler Bund, Deutsche Jungenschaft*) e altri. Nel 1932, il *Werwolf* decise improvvisamente, di sua spontanea volontà, di presentare candidati alle elezioni municipali, rinunciando così al suo principio anti-parlamentarista.

Tipologie di nazional-bolscevismo

La maggior parte dei membri dei gruppi rivoluzionari nazionali erano uomini giovani o maturi. C'era anche un numero relativamente elevato di ex membri o attivisti appartenenti alle associazioni *Jugendbewegung*.
Nessun gruppo significativo nell'associazione giovanile era interamente nazional-bolscevico. Ma quasi ogni gruppo aveva simpatizzanti o aderenti ai movimenti nazional-rivoluzionari. Gli organi nazional-rivoluzionari esercitarono un'influenza indiretta relativamente ampia sui gruppi e, viceversa, il mondo romantico della *Jugendbewegung* influenzò il pensiero e lo stile dei nazional-rivoluzionari.
Lasciando da parte il movimento rurale rivoluzionario, il gruppo *Oberland* e il *Werwolf*, quasi tutti i gruppi nazional-bolscevichi hanno incorporato alcuni elementi della *Jugendbewegung* nella struttura dei loro gruppi: gruppi d'élite basati sul principio del volontariato. La minoranza - ma molto attiva - era composta da ex esponenti della gioventù proletaria, ex comunisti o socialdemocratici, quasi tutti autodidatti; la maggioranza includeva membri dell'Associazione giovanile, ex membri dei *Freikorps* e associazioni di soldati, studenti e nazionalsocialisti di tendenza "socialista" delusi. Solo il gruppo *"Die Tat"* aveva membri reclutati dal "centro".
In fondo, tutti questi giovani erano più o meno in rivolta contro la loro classe: giovani borghesi desiderosi di sfuggire alla ristrettezza del punto di vista borghese e possidente, giovani operai determinati a passare dalla classe al popolo, giovani aristocratici che, disgustati dalle concezioni

sclerotiche e antiquate del "diritto al comando" della loro classe, cercavano di entrare in contatto con le forze del futuro. Sotto forma di comunità d'avanguardia simili a ordini religiosi, *outsider* senza classi dell'"ordine borghese" cercavano nel movimento nazional-rivoluzionario una nuova base che, da un lato, facesse fruttare alcuni punti essenziali della loro vecchia posizione (elementi social-rivoluzionari e nazional-rivoluzionari della "sinistra" o della "destra") e, dall'altro, sviluppasse alcune tendenze separatiste di una "nuova giovinezza" dotata di una consapevolezza accresciuta della sua missione.

Gli uomini che si sono riuniti lì avevano una cosa in comune: non l'origine sociale, ma l'esperienza sociale. Non stiamo pensando qui solo alla disoccupazione e alla proletarizzazione delle classi medie e degli intellettuali, con tutte le sue conseguenze. Tutti questi fatti avrebbero dovuto, durante la radicalizzazione generale delle masse, condurre al Nazionalsocialismo o al comunismo. Ma, accanto a questa esperienza negativa, ce n'era una positiva: quella di un'altra realtà sociale - l'esperienza della comunità nell'ambiente selezionato, rappresentato da "associazioni" di ogni tipo. Inoltre - queste erano, con poche eccezioni, le generazioni nate tra il 1900 e il 1910 - questi gruppi hanno incontrato il silenzio dei partiti politici esistenti quando hanno posto loro alcune domande.

Quindi il movimento nazional-rivoluzionario era, per tutti coloro che non si radunavano ciecamente sotto la bandiera di Hitler, una specie di luogo di ritrovo, un gruppo di discussione per gli elementi di destra e di sinistra estromessi a causa del loro goffo senso dell'assoluto: accoglieva tutti gli attivisti "pensanti" che hanno cercato, spesso confusamente ma almeno in tutta franchezza, di colmare il divario tra destra e sinistra.

Tutto questo ha portato a volte a eccessi di ogni genere, a un certo romanticismo rivoluzionario, a un super-radicalismo troppo spesso esacerbato (soprattutto perché mancava il correttivo per un movimento democratico di massa). Resta tuttavia vero che un certo numero di giovani intellettuali della borghesia "nazionale" erano, grazie a ciò, immuni agli slogan contraddittori del NSDAP. Anche nelle organizzazioni militanti del Nazionalsocialismo, il movimento nazional-rivoluzionario ha richiamato all'obiettività e ha acceso i semi della rivolta.

Questa ondata di nazional-bolscevismo tedesco non ha avuto alcuna influenza politica. La presa del potere da parte dei nazionalsocialisti pose fine alle sue illusioni e alle sue possibilità.

Conclusione

Il nazional-bolscevismo oggi appartiene alla storia. Anche i suoi ultimi aderenti, la resistenza sacrificale che molti dei suoi membri hanno condotto clandestinamente contro il regime hitleriano, il breve focolaio di tattiche "nazional-bolsceviche" ispirate dai comunisti e guidate da Mosca, è tutta storia. Alcuni dei più noti nazional-rivoluzionari hanno capitolato al Nazionalsocialismo. Ricordiamo qui, su tutti, il nome di **Franz Schauwecker**. L'esecuzione, la prigionia, il campo di concentramento, l'esilio, erano il destino dei membri della resistenza appartenenti al movimento nazional-rivoluzionario - e quello di tutti gli oppositori di Hitler.

Come esempi di lotta attiva e clandestina sotto il regime di Hitler, possiamo citare **Harro Schulze-Boysen**, leader del *Gegner* ("Gruppo degli avversari di Hitler"), ed **Ernst Niekisch**, uno dei pochi che, dopo il 1945, ha seguito il suo percorso fino alla fine, vale a dire, si è unito alla SED. La maggior parte di coloro che un tempo rappresentavano le tendenze nazional-rivoluzionarie hanno adottato nuove idee: questo è il caso di **Friedrich Hielscher** e di Ernst Jünger "seconda maniera". Questi hanno continuato a costruire sulla base consolidata.

Quando il Fronte nazionale della Germania orientale (una pallida copia della linea "nazionale" del Partito Comunista tedesco rappresentato durante la guerra dal Comitato nazionale della Germania libera a Mosca e dall'Unione degli ufficiali tedeschi del generale von Seydlitz), il Movimento "senza di me" [aderente al pacifismo tedesco NdT] e la propaganda a favore di "conversazioni tra rappresentanti di tutta la Germania" cercano di mettere in guardia contro l'ex movimento nazional-bolscevico, o al contrario di riferirsi ad esso, sono nel più totale errore. Altre realtà della politica mondiale hanno creato nuovi problemi - e nuovi obiettivi.

Il resoconto - incompleto - che abbiamo cercato di dare qui non tende a difendere o demolire certe posizioni assunte in passato. I fatti parlano da soli.

Il nazional-bolscevismo tedesco dal 1918 al 1932 fu un legittimo tentativo di formare la volontà politica dei tedeschi. Nessuno può dire con certezza se, al suo apice, sarebbe stata una variante positiva e felice, o al contrario odiosa, dettata dalla rivolta imminente (ispirata dall'idea collettivista) delle generazioni intervenute contro lo Stato borghese. Si è limitato a dichiarazioni roboanti, in ultima analisi pre-politiche: gli è stata negata la possibilità di mettersi alla prova nella realtà quotidiana.

La maggior parte dei suoi rappresentanti erano uomini di **integrità, altruismo e lealtà**, il che forse rende più facile oggi, anche per i suoi ex avversari, considerarlo esclusivamente, in tutta obiettività e senza risentimento, come un fenomeno storico.

"Der deutsche Nationalbolschewismus 1918/1932. Ein Bericht", Außenpolitik, n. 4 (aprile 1952)

BRITNEY NATIONAL PARTY

**METALLICA FORMA SPARTANA
DEVASTANTE ESTETICA NICHILISTA
GEOMETRICO ORDINE PRUSSIANO
OGGETTIVA PRASSI BOLSCEVICA**

www.ingramcontent.com/pod-product-compliance
Lightning Source LLC
Chambersburg PA
CBHW012255240726
48656CB00007B/2393